POEZII PENTRU INIMA TA
Volumul V

"O carte ieșită la lumina zilei, descrie sufletul celui care-o scrie" - Ștefania Rotariu

Ștefania Rotariu

Published by Dolman Scott in 2023
Copyright ©2023 Stefania Rotariu

All rights reserved. No part of this publication may be reproduced, stored in a retrieval system, or transmitted in any form or by any means, electronic, mechanical, photocopy, recording or otherwise, without prior written permission of the copyright owner. Nor can it be circulated in any form of binding or cover other than that in which it is published and without similar condition including this condition being imposed on a subsequent purchaser.

ISBN 978-1-915351-12-8

Dolman Scott
www.dolmanscott.com

Adorm

Adorm mereu cu tine-n gând,
Rază culeasă din răsăritul diminetii,
Nu știu de bucurie eu să cânt,
C-ai început să-i dai un alt sens vieții.

Te privesc cu ochii surâzând,
Cum îmi trimiți un zâmbet cald, duios
Și-ți trimit în grabă rând pe rând,
Săruturi pentru ochii tăi frumoși.

Cuvintele mi se-agață uneori,
Când vreau să nu par-a fi de prisos,
Iar năucită mă ridic printre nori,
Acolo-i mai ușor, cu tine să vorbesc.

Îndrăgostiții pot să zboare,
Ei pot s-atingă stelele cu mâna,
Chiar pot să se atingă și de soare,
Să-i pună lunii mari cununa.

Ai gustat

Ai gustat un pic din fericire,
Pentru că-n gândul tău erai năuc,
Tu nu știai, credeai că-i nălucire
Și visu-n grabă ți l-ai rupt.

Când te-ai trezit,
Eu încă eram departe,
Gându-mi spre tine n-a mijit
Și nici în inimă nu erau șoapte.

Ai scris pe-o foaie câteva cuvinte,
În care îmi cereai să te întorci,
Spunând că totul va fi ca-nainte
Și că tu mă iubești, atât cât poți.

Apoi te-ai ridicat pe treptele iubirii,
Pretinzând că acolo-ți este locul,
Dar n-a fost decât a ta amăgire,
Care n-a știut să-ți joace jocul.

Te zbați și iar te zbați,
S-arăți cat de mult te doare,
Iar eu mă liniștesc ca-n alte dăți,
Privind natura cum se-ntinde-n zare.

Albinuța

Albinuța muncitoare,
Are casa-n altă țară,
Unde-s flori și-n ziua mare,
Zboară, polen să culeagă.

Căci în țara-i născătoare,
Nu mai sunt păduri nici flori,
Tot a dispărut sub soare,
Vezi doar dealuri și noroi.

Pământul venind la vale,
Se răstoarnă-n fața ta,
Luând case, luând oameni,
Făcând prăpăd în calea sa.

N-are cine să oprească,
Vremea tare necăjită,
Ce-a pornit să pedepsească,
Lumea slabă, oropsită.

Am deschis ochii

Am deschis ochii-n treacăt
Și-n față universul meu erai,
Ți-am cules un zâmbet grabnic,
Ce l-am trimis în colțul meu de rai.

Ochii aprinși cu dragoste priveau,
Râvnind în taină după vreun sărut,
Dar nu știai și nu știam,
Ce ne lega atât de mult.

Poate vreo vară din priviri,
Sau zâmbetul cel îngeresc,
Care mi-a spus c-o să revii
Și poate sigur te-ntâlnesc.

Apoi când tu m-ai căutat,
Eu m-am pierdut prin depărtări
Și frica-n mine a intrat,
Gândind că va veni vre-un ieri.

Amintește-ți

Amintește-ți de mine,
Când soarele răsare,
Dacă afară-i lumină,
Ori soarele apune.

Amintește-ți,
Chiar dacă-i zi cu soare,
Sau dacă ploaia,
Curge peste tine.

Când luna coboară
Și-mprăștie lumină,
Peste odaia ce-n seară,
Așteaptă ca cineva să vină.

Am vrut

Am vrut s-adorm mamă,
Dar somnul pe pleoape nu se lasă,
Îmi aminteşte de-o zi rece de toamnă,
În care-am primit vestea de-acasă.

Şi mă cobor în grea tristeţe,
De parcă totul se-ntâmplă ieri,
Îmi face inima să-ngheţe,
Încătuşată-n lacrimi şi fiori.

Mi-e inima atât de tristă,
Când spre casă mă-ndrept,
Va fi mai frig, te-oi căuta pe prispă,
La pieptul tău să plâng, să mă dezmierd.

Să-ţi spun cu lacrimi cât îmi lipseşti,
Cât inima-mi se rupe de durere,
Când intru-n casa unde nu mai eşti
Şi mă cuprinde multă jale.

Iar răceala ploii-adânc se-nfige,
În corpul care tremură de frig,
Nu are mamă cine să mă strige,
Să facă focul, să mă-ncălzesc un pic.

Te strig măicuță când lacrimi se coboară,
Din ochii ce se scaldă-n tristețe,
Privesc în jur și greu mi-i să văd iară,
Că merg acasă și n-are cine să m-aștepte.

Ar trebui

Ar trebui să crape-obrazul,
De-atât de multă slugărnicie!
Când vom trezi și noi viteazul,
Din somnu-i lung de veșnicie?

Ne plâng eroii prin morminte
Și strigă c-au murit degeaba,
În mâna lor glia încă-i fierbinte
Și așteaptă să le dăm eliberarea!

Plâng codrii ce-ascundeau odinioară,
Șoimi aprigi când mergeau la luptă,
Ei n-aveau frică și iubeau o țară,
Din care-acum dușmanii se înfruptă!

Mănâncă seva țării ca șacalii,
Fără să țină seama ce mănâncă
Și sunt lăsați în voie ca barbarii,
Câștig să aibă, făr-a fi vreo luptă.

Vin dușmanii să ne spună la amvoane,
Că țara noastră-i arvunită,
Le-om da arvună și le-om da pogoane,
Să ducă-n țara lor afurisită!

Dar nu așa, fără vreo luptă dreaptă,
Cum ciocoii trădători îi învățară,
Să vină doar, să vadă ce-i așteaptă,
Când intră ca dușmanii într-o țară!

Astăzi rupi țara

Astăzi rupi jupâne țara,
Mâine unde-i mai trăi?
Iți vinzi nația și mama,
Ce-i lăsa la ai tăi copii?

Te prăvăli ca lutu-n mare,
Cu dușmanii care-odată,
Pune-au biruri, pune-au jale,
Pe strămoșii de-altădată.

Rupi bucăți din țara mamă
Și le-o dai lor înapoi,
Nu socoți că se destramă,
Țara ce-o dai astăzi la ciocoi.

Te-or blestema pruncii-n fașă,
C-ai vândut al lor pământ,
N-ai gândit cu mintea-ți lașă,
Să lași țara legământ.

Aș vrea să fiu

As vrea un fluture să fiu
Și să zbor până târziu,
Prin întunericul de-afară,
Ce mă cuprinde, mă-nfășoară.

Și aripi să întind când zbor,
Pe umăr să cobor ușor,
Când îți aduc o sărutare,
Să-ți stingă durerea cea mare.

Să-ți dau putere ca să zbori,
Să te ridici până la nori,
Acolo poate ne-om vedea,
Dragostea mea, te-oi aștepta.

Aș vrea să pot

Aș vrea să pot să vă îndemn,
Pe voi care-ați distrus această țară,
Oameni aleși pe șpagă și pe șmen,
Voi ați jurat, să stați țării de strajă.

Se zbate sângele-n vene,
Când văd tineri cum se duc,
Iar țara plânge, țara geme
Și mamele de dorul lor se sting.

Ați pus un neam fugarnic pe oriunde,
Numai în țara lui nu e primit,
Împrăștiați mănânc-o pâine
Și somnul le este chinuit.

Cât o-ndura Dumnezeu pământul,
Pe care-l călcați și-l necinstiți?
Unde vă este jurământul,
Că pentru țară voi muriți?

A trecut vâltoarea vremii

A trecut vâltoarea vremii,
Care ne-a ucis iubirea,
Însă gândul iar s-așterne
Și îți caută privirea.

Tu ce faci,
Acum ești bine?
Ești alături de cei dragi,
Fericit cu nu știu cine?

Chiar de vremea a răpus,
Sentimente trecătoare,
Inima nu s-a ascuns,
A rămas stăruitoare.

Dragostea nicicând nu minte,
Ea se-nfurie într-o doară,
Însă totu-i ca-nainte,
Nu păstrează nici-o rană.

Azi s-a pierdut

Azi s-a pierdut o nouă zi în zare,
A vieții unui om trăite,
El a fost bun, avea valoare,
În cartea Sfântului Părinte.

S-a stins o viață și o voce,
Ce țara-ntruna și-a cântat,
Prin poezia lui feroce,
În care ne-a vorbit, ne-a alinat.

E-un semn sau poate-o întâmplare,
Când pe-un tărâm necunoscut,
Încep să-și facă des cărare,
Oameni ce poartă un sfânt scut.

La toți ne vine rându-odată,
Triști sau poate fericiți,
Să ne-ndreptăm spre-o lume ferecată,
Unde vom dormi nestingheriți.

Bravi cârmaci

Bravi cârmaci aveam pe vremuri,
Însă azi domnesc mișeii,
Rup bucăți din trupul țării,
Precum hienele și leii.

Însă va-nvia dreptatea,
Neamu-acesta s-o trezi
Și în groapa ce ne-o sapă,
Oasele le-or putrezi!

Brăduțul

Brăduțu-n casă l-am împodobit
Și-aud cum sună de departe zurgălăii,
La geam în fugă am sărit,
Să văd dac-au sosit colindătorii.

Și șterg cu mâna geamul înghețat,
Plin cu steluțe răsfirate,
Ce se așează ne-ncetat,
Zburdându-mi peste pleoape.

Deodată poarta s-a lăsat,
Deschisă într-o parte
Și răsărind o ceată, a intrat,
Să ne colinde-n noapte.

Suflarea parcă mi-a înghețat,
Când a-nceput colindul
Și cântecul m-a fermecat,
Căutînd prin urmă timpul.

Și acum brăduțul l-am împodobit,
Într-o căsuță mult mai mare,
Geamul nu este înghețat, nu-i frig
Și nici colindul nu se aude-n zare.

Iar pe masa plină și bogată,
Stau așezate multe bunătăți,
Nu mai au gustul de-altădată
Și nimeni nu colindă prin nămeți.

Bunica

Cu păr bălai și fața luminoasă,
Te pleci deasupra unui pat,
Să mă-nvelești,
Bunica mea frumoasă!

Și un sărut cald și duios,
Îl lași pe fruntea transpirată,
Că am bolit atât de mult,
Iar tu ești îngrijorată.

Apoi te-ndrepți cu pași mărunți,
Spre-o cameră întunecată,
În urma ta mereu te uiți,
Să vezi dacă te strig vreodată.

Iar dacă somnul este-adânc și trist,
Ori de mă zbat între viață și moarte,
Tu știi bunico că rezist,
Un Dumnezeu îți spune asta-n șoapte.

Te văd și-acum după atâția ani,
Cum te rugai întruna pentru mine,
Deși în boală mă zbăteam,
Tu așterneai speranța vie.

Acum sunt bine și uneori,
Când tristă așez gânduri spre tine,
Cad lacrimi grele și mă cuprind fiori,
Că știu cât te gândești la mine.

Caut s-ajung

Caut s-ajung la inima ta,
Înainte ca noaptea să coboare,
Pe frunte să-ți las un sărut aș vrea,
Să-ți spun cât lipsa ta mă doare.

Caut să intru-n inima ta,
Să-ți las un miros frumos de floare,
Pe corpul tău să m-așez aș vrea,
Ca stropii mari de ploaie.

Să-ți răcoresc inima ta,
C-o dragoste cum n-ai avut vreodată,
Să fii iubitul meu și eu iubirea,
Din astă viață și poate din cealaltă.

Când jug se pune

Când jug se pune pe-al tău spate,
Iar tu cu ochi deschiși nu vezi,
Atunci nu meriți libertate,
Ființa-ntreagă ți-o renegi!

Și când drapelul înrobirii,
Flutură falnic peste tot,
E semn că moartea omenirii,
E-aproape, nici nu știi tu cât.

Ți-am spus
Și-ți voi mai spune frate,
De vrei o clipă să asculți,
Alungă amăgirile deșarte!

Moartea-i aici si e colea,
O strigă cioclii printre stârvuri,
Să bage groaza c-așa vrea,
Să te supui fără să murmuri!

Nu-mi este frică de ciocoi,
Nici ție n-ar trebui să-ți fie,
Dar ține minte: unde-s doi,
Puterea lor e ca o mie!

Când noaptea

Când noaptea se lasă-ncetişor
Şi te cuprinde-n braţe,
Îţi voi şopti un somn usor
Şi un sărut îţi voi lăsa pe faţă.

Apoi când somnul se coboară,
Peste pleoapele-obosite,
Voi lăsa sărutul iară,
Pe buze neadormite.

Voi face din noapte zi
Şi-ţi voi da săruturi multe,
Somnul ţi-l voi netezi,
Multe zile înainte.

Când supărarea

Când supărarea cerne peste tine,
Din fulgii care zboară ai tristeții,
Nu-i lăsa să se așeze bine
Și bucuria vieții s-o înghețe.

Trăiește viața ultima zi de-ar fi,
Căci n-am văzut să se-ntoarcă omul,
Din drumu-i de ultima zi,
El a plecat, continuându-și drumul.

Și-un sărut de-o clipă de-l culegi,
E mult, căci în dar tu l-ai primit,
Păstrează-l sau ia-l cu tine unde pleci,
Atunci când te-ntorci ori ai venit.

Ce-ați făcut

Ce-ați făcut slugi preaplecate?
Ați vândut pământul, codrul
Și-ați gonit oameni departe,
De țară să-i frigă dorul!

Omorâta-ți și speranța,
Celor care vor veni,
N-or avea liberi nici viața
Și pe ea sunt datorii.

Toți v-ați îmbrăcat în straie,
Țesute-n jalbe și minciuni,
Gura vi-i plină de vorbe
Și vă credeți voi străbuni.

Nu gândiți că vine ziua,
Când veți plânge în genunche
Și nu veți primi iertarea,
Nimeni n-o să vă asculte!

Ștefania Rotariu

Ce sunt eu

Ce sunt eu pentru tine,
O dragoste, un joc, un zeu?
Se-ntreabă inima când plânge,
Spunând că ea te va iubi mereu.

Și amăgirea o cuprinde,
Învăluind cuvântul tău,
Când speră, suferă, se frânge,
Tăcută, stinsă-n dorul greu.

Ce-am fost ori sunt eu pentru tine,
O ploaie care tocmai a trecut
Și-a scurs doar stropii și rămâne,
Un suflet trist, rece și ud?

Adăpostită sub raze frânte din soare,
Sorbit-a un strop de rouă-ntârziat,
Să-și stâmpere a ei ardoare,
Inima iar m-a întrebat.

Eu sunt dorința ce-ți înmoaie,
Cuvintele-n gândul curat,
Ori sunt numai o scurtă ploaie,
Ce-n stropii mei te-ai îmbătat?

Cioburile iubirii

Tu ai adunat încet,
Din cioburile iubirii
Și din ele tu ai făcut întreg.

Apoi cu mîinile scăldate-n fericire,
Spre cer tu ai privit,
Ducându-i ca ofrandă a ta iubire.

Și nu credeai,
Că soarta se-ntoarce,
S-aducă soarele în rai.

Și nu credeai,
Că dragostea e oarbă,
Tu multe nu vedeai.

Coboară Doamne

Coboară Doamne înc-o vreme,
Peste-un suflet ce te-așteaptă
Și care plânge, strigă, geme,
Dup-o mângâiere-n șoaptă!

Lasă curcubeu-n lume,
Peste cerul cât cuprinde,
Dimineața mai devreme,
Până noaptea când se stinge.

Vino Doamne-o scurtă vreme,
Pentru cei ce te așteaptă,
Țara doarme, țara piere,
Nimeni nu se mai deșteaptă!

Adu iarăși primăvara,
Mugurii să râdă-n soare,
Flori să-mprăștie mireasma,
Să miroase a migdale.

Cu lacrimi

Cu lacrimi numele ți-l scriu,
Scumpă, dragă Românie,
Departe sunt și eu nu știu,
De ce-am plecat departe de tine.

Te iubesc atât de mult,
Ești prima mea iubire,
În tine maica m-a născut,
Sunt parte-adâncă din tine.

Te port în suflet pe cărări uitate,
M-adâncesc într-o lume
Și mă pierd ca într-o cetate,
Cu ziduri ce cad peste mine.

Simt cum pământ străin mă frânge,
Cum mă sting și zilnic mă petrec,
Cu lacrima de dor ce-mi curge,
Pe-un suflet firav și inert.

Cum poți iubi această lume

Cum poți iubi această lume,
Tu, copil al făpturii divină?
Cum poți să spui răului bine
Și celui drept să-i cauți vină?

Ce s-a întâmplat cu conștiința,
De nu stă trează și la datorie?
De ce ne-am lepădat credința,
Trăind o clipă și nu pe veșnicie?

Unde-i omul creat de Dumnezeu,
De ce să ținem capul în pământ,
De ce la datorie nu suntem tu și eu,
Să apărăm preasfântul legământ?

De unde-atâta nevrelnicie,
Atâta jale, durere adunată,
Care inundă lumea-n nemernicie
Și-o falsă preamărire infatuată ?

Cum poți iubi

Cum poți iubi-n aceste vremuri,
Când dragostea-i puțină, rece,
Rescrisă parcă de peneluri,
Pe foaia goală ce se trece?

Și-așterni cuvinte să descrie,
O inimă ce se-nfioară,
Când mintea caută, se-mbie,
C-o dragoste uneori chioară.

Apoi îi dai vieții culoare
Și ceru-l umpli iar cu stele,
Iubirilor le dai târcoale,
Asemănându-te cu ele.

Și-n arșița miresmei serii,
Prin cotloane fermecate,
Lași pașii să te poarte-alene,
Sperând într-o iubire ce-i departe.

Vezi totul adormit parcă-n vreme
Și adâncită-n plictiseală,
Gândești că dragostea nu piere
Și nu-i o modă veche de la țară.

De-am înceta

De-am înceta să dăruim iubire,
Poate c-am începe cu cei de lângă noi,
Că sunt avari, nedemni de prețuire,
Lipsiți de sentimente și-n inimi ei sunt goi.

Ei cred că-ți dăruiesc iubire,
Când făr-a mai gândi,
Îți rup inima din tine,
Spunând că se numesc copii.

Nu știi că mama-i sufletul curat,
Nu știi că-n lume ai venit,
Din trupul ei te-ai alăptat
Și viața ei ți-a dăruit?

De s-ar putea măcar o zi,
Ca cei ce mama nu-și cinstesc,
Să rabde din durerea, de-a naște copii
Și astfel poate mama și-o iubesc.

De ce?

De ce l-au cinstit pe moș crăciun,
Când Domnul este cel ce are daruri?
De ce există altul mult mai bun,
Decât Iisus, care trăiește-n ceruri?

Primit-am de la cei bătrâni învățăminte,
Pe care astăzi nu le mai cinstim,
Înlocuind învățăturile ce-s sfinte,
Cu moși și jucării ce dăruim.

Copiii voștri-or crește mari
Și ei vor duce ale voastre învățăminte,
Minţind la rândul lor ani după ani,
Că moșii de crăciun dau daruri sfinte.

Ei nu vor ști că un Iisus,
Născut a fost în iesle
Și nici de ce el stă în ceruri sus,
Rugând pe Domnul să ne ierte.

Vor crește mari, robotizati,
Într-o lume zugrăvită-n daruri,
Cutii colorate și bani adunați,
Primite de la moșii de prin mall-uri.

De ce dorim?

De ce dorim mai mult decât avem
Și nu-nvățăm să prețuim?
De ce ca orbii ne zbatem
Și după tot ce-i complicat tânjim?

Când viața este simplă și curată,
De ce o facem noi mereu,
Atât de grea, nemăsurată,
Născând un imposibil tare greu?

De ce te zbați tu omenire
Și plângi cu plânsu-ți rece, trist,
Scufundându-te în neștire,
În apa deznădejdii fără vis?

Când viața-i plină de culoare,
De ce în gri o descrieți,
Mimând o bucurie care doare
Și-n ea de multe ori vă ascundeți?

Ce-ați făcut cu bucurii și vieți
Și unde-ați ascuns fiorii calzi ai iubirii?
Spre ce plecați, nu obosiți,
Să vă-mbrăcați în somnul înrobirii?

Departe de țară

Departe de țară,
Smulg dorul ce-mi zace,
Mă pornesc și mă-ntorc iară,
Dar dorul nu-mi dă pace.

Și-mi plâng codrii de acasă,
Unde-n locurile sfinte,
Vântul cu boarea duioasă,
Le atinge să le-alinte.

Văile ce-n zori răsună,
Cântecul suav din nai,
Când războinicii i-adună,
Fii și fiicele de crai.

Apoi hora întâlnirii,
Mână-n mână le adună,
Să alunge-n larg vampirii,
Ce-au distrus țara străbună.

Și în hora feciorimii,
Îi învăluie și-i joacă,
Până-n timpul răfuielii,
Hoții ce primesc răsplată.

Ș-apoi plângă cât or plânge,
Dușmanii firavi și goi,
Inima nu mi se strânge,
C-așa plânserăm și noi.

Deschide ochii

Deschide ochii,
Când soarele răsare
Și nu te chinui precum miopii,
Fără să vezi că undeva-i o zare.

Chiar dacă-n jurul tău,
Lumea se vinde,
Păzește-ți sufletul de rău,
Nu lăsa vremea să ți-l schimbe.

Iar dacă vine vreo furtună,
Cu brațul tău plin de tărie,
Oprește-o pentr-o vreme bună,
Că niciodată nu se știe.

Pune-n rangul bunătății,
Valori ce lumea nu cunoaște
Și n-aștepta venirea plății,
Când nimeni nu te recunoaște.

Clădește-o lume mai curată,
În care tu te-i desfăta
Și lumea aceea minunată,
Va fi o parte din menirea ta.

Din chipul tău

Din chipul tău răsar peste timpuri,
Zile-mbrăcate în primăvară,
Iar mirosul florilor de pe câmpuri,
La tine s-au oprit în grabă.

Și te privesc râzând în soare,
Te-apleci să rupi o floricică,
S-o pui peste urechea care,
Ascultă șoaptele de-o clipă.

Vii înspre mine zâmbitor
Și mă cuprinzi cu brațe calde,
Săruți și părul bălăior,
Ce peste umeri albi îmi cade.

Pe buze te oprești ușor,
Sărutul tău e plin cu miere,
Cu chipul tău unduitor,
M-atingi și-mi dai plăcere.

Din gânduri

Din gânduri și cugetări,
Vor crește multe rădăcini,
Ce te-or aduce de pe nicăieri,
Sau poate vom rămâne doi străini.

Când gândurile nu se-ntâlnesc
Și umblă făr să știm pe unde,
Eu vreau prin ele să pășesc,
În sumbra-ți și necunoscuta lume.

Iar de-ar ști gându-ți să poposească,
Acolo unde se-ntâlnesc fiorii iubirii,
Am fi ca două păsări măiastre,
Zburdând pe ceruri în neștire.

Dar tu te pierzi în zborul tău
Și vezi cum drumuri se despart,
Încerci s-ajungi în calea lor,
Dar e târziu, că altă cale și-au luat.

Din geana anilor

Din geana anilor se scurge timpul,
Ce-ncununează pioasele-amintiri,
Din vremi când povestea bunicul,
Despre veacurile pierdute-n cimitir.

Erau cândva demult oameni de vază,
Când vorba le era prea dreaptă
Și viața și-o puneau de strajă,
La granițele țării drept răsplată.

Și nu cereau averi sau preamăriri,
Nici oamenii nu cunoșteau al lor renume,
Luptau pentru dreptate și martiri,
Necunoscuți mureau printre redute.

Cuvântul dreptate s-a scurs,
De pe buzele scăldate-n iubire,
Ale martirilor ce-n dragoste s-au stins,
Crezând, că moartea lor aduce fericire.

Acum acele vremuri au apus,
La granițe nimeni nu stă de pază,
Bărbații nu mai vor să fie scut,
De strajă țării care-i cheamă.

Iar cârma orânduirii,
Piraților le-a fost sortită,
Țara s-o ducă-ncet pieirii
Și nația să fie prăpădită.

Și privind cum se afundă,
Vasul cârmuit să piară,
Inima ți se frământă,
Lacrima în ochi se-așează.

N-ai putere și n-ai vlagă,
Să prinzi cârma ce se rupe
Și se sfarmă parcă-n grabă,
De priviri și chipuri mute.

Din mine

Din mine toamna se coboară,
Când frunzele anilor s-au răvășit,
Iar viața-i grea, nu-i ca odinioară,
Ea stă captivă la nesfârșit.

Și-n iarnă toamna se topește,
Cu frig și gheață în piviri,
Inima-i rece, nu se-ncălzește,
De parcă și-a pierdut ale ei simțiri.

Dansez când primăvara-apare,
Sperând că mugurii vor înflori
Și-ating în grabă orice floare,
Când le beau roua-n zori de zi.

Apoi când vara se aprinde,
Speranța-n suflet se așterne
Și dragostea ca un covor se-ntinde,
Peste așteptările eterne.

Domnul este păstărul

Domnul este păstorul meu,
El mă păzește zi și noapte,
Iar atunci când somnu-i greu,
Închide ale mele pleoape.

Domnul este sufletul meu,
El îmi aduce bucurie,
Chiar dacă drumu-i greu,
Poteca lui e apă vie.

Domnul este privirea mea,
El îmi deschide ochii
Și-mi arată strălucirea,
Care nu o văd miopii.

Domnul este mâna mea,
Când condeiu-l atinge,
Scrie și îmi lasă urma,
Chiar de viața mi se stinge.

Domnul este cerul meu
Și-n el mă urc în grabă,
Dacă sufletul mi-e greu,
Merg la el să îmi dea hrană.

Dormi națiune

Dormi, de ce să nu dormi națiune,
Când este cald, frumos afară?
Dar vine timpul când vei spune,
Că nu-ți priește toamna ce-o s-apară.

Un septembrie năpraznic se-arată,
Cu o nouă și-o stranie lume,
Care trebuie-n grabă vaccinată,
După cum orânduirea spune.

Lanțuri și zăbrele încolțesc trădarea,
Ce se-așterne pașnic chiar sub ochii orbi,
Goliți de lumină, invocă ascultarea,
Ca motiv, pe lume de-a putea trăi.

Brutal și fără suflet sistemul de lemn,
Bate parcă-n cuie drepturile noastre,
Nu-i pasă de lume, nici nu e stingher,
Când trâmbiță-ntruna, stați în case.

Dragostea ta

Dragostea ta m-a învățat să zbor,
Atunci când aripile mi-au fost tăiate
Și n-a fost greu, n-a fost ușor,
Când am zburat spre cerurile înalte.

Dragostea ta m-a învățat ce este iubirea,
Atunci când inima-n bucăți era sfârtecată
Și-am mers plângând, suportându-mi trăirea,
Iertând parcă mai mult ca niciodată.

Dragostea ta m-a învățat ce-i calea,
Spre toate cele-n ceruri și pe-acest pământ
Și nu mi-e greu când vine supărarea
Și se-așează să-mi cuprindă al meu gând.

Dragostea ta nevinovată mamă,
A făcut din mine-un om mai blând,
Iar când durerea-n mine sfarmă,
Privesc spre tine-n cerul sfânt.

El a fost născut

El a fost născut în iesle,
Un rege preamărit,
A fost trimis în lume
Și fiecare l-am primit.

El este darul binecuvântării,
Ce pentru noi în lume a venit,
S-aducă vestea bună a iertării,
Prin care Dumnezeu s-a zămislit.

Și-n fiecare an rămânem tot copii
Iubind și așteptând crăciunul,
Cu speranțe, cadouri, bucurii,
În dragostea sădită-n noi de Domnul.

Este o noapte

În noaptea grea, târzie,
C-o ploaie rece și-nghețată,
Îmi simt corpu-n agonie,
Apăsat de oboseala adunată.

Un pic și-am mai făcut un pas,
Iar totul se transformă,
Ziua cea tristă a rămas,
Demult lăsată-n urmă.

Mă inundă planuri și vise-adunate,
Ce-au stat prea mult în umbră,
Acum le las pe toate,
Pierdute-n amorțeala surdă.

Încerc prin gânduri să culeg,
Un fir firav de bucurie
Și oboseala s-o înec,
În valuri mari de bucurie.

Ești încă flacăra

Ești încă flacăra ce-n mine arde,
Iubirea pentru tine nu s-a stins,
Aprinsă-n tainică văpaie,
Stă vie, ca într-un veșnic vis.

Și amintirile se-ntorc înapoi,
De parcă azi în brațe ne-am ținut
Și nori se lasă peste ochii goi,
Mă-ntreb cât doare, a durut.

În van mai caut o îmbrățișare,
Pot doar vorbi cu gândul tău,
Să-i spun că lipsa ta mă doare,
Că-mi este dor, un dor prea greu.

Însă eu știu că iubiții se-ascultă
Și glasurile lor se întâlnesc,
Nu pot să șad-o vreme multă,
Fără să-și spună te iubesc.

Ești în stare

Ești în stare tu române,
Să schimbi ale tale destine,
Să te scapi de-ai tăi stăpâni,
Că și-au bătut joc de români?

Să n-aibă a lor copii,
Capul unde odihni,
Să stea prin lume străini,
Slugi umile și pe bani puțini.

Auzita-ți de strămoși,
Când țineau pieptul la puști,
Gloanțele nu-i ciuruiau,
Cântând, gloate-nconjurau?

Auzita-ți de bărbați,
Ce stăteau ca plopii drepți,
Nime-n față nu pășea,
Sabia în ei zvârlea?

Ce plângem și tot bocim,
Că-ncercăm și nu răzbim,
Iar ciocoii huzuresc,
Țara o prăpăduiesc.

Eu te-am cunoscut

Eu așa te-am cunoscut,
Trudind întruna mama mea
Și niciodată n-am auzit,
Să spui că viața este grea.

Cu ochii albaștri ca și marea,
Priveai mereu în ochii mei,
Spunând că veșnic ți-e cărarea,
Doar spre copiii scumpi ai tăi.

Și făceai planuri ca în spate,
Tu să ridici al nost destin,
Să ne aduci din căi departe,
Cu tine să ne mulțumim.

Și priveam cum ochii îți ștergeai,
De bucurie c-am venit,
C-o năframă veche ce-o aveai,
Căci toate-n lume tu le-ai părăsit.

Nu-ți trebuia ceva anume,
Noi bogăția ta eram,
Te mulțumeai c-un colț de pâine
Și erai mândră când veneam.

Cât de puțin tu așteptai întruna
Și cât de mult noi astăzi ne spetim,
Dac-am putea am da din cer și luna,
Mergem ca orbii și fără să gândim.

Acum când vii în în mintea mea
Și-ți văd chipul ca-n icoană,
Mi-e atât de dor și tare-aș vrea,
Să te aud vorbind iubită mama.

Pe-atunci toate se-nșirau zadarnic
Și timpul nu se-oprea în loc,
Eu nu știam că soarta e-un paharnic,
Ce-ți măsoară viața strop cu strop.

Eu știu

Eu știu,
A număra stelele,
Că până-n noapte târziu,
Am petrecut cu ele.

Și-n brațe ele m-au cuprins,
Dându-mi sărutul nopții,
Purtându-mă pe aripi de vis,
Până-n zorii dimineții.

Iar dacă ziua mi s-a stins,
Odată cu venirea nopții,
Am rătăcit iar în alt vis,
Purtată de stele în voia sorții.

Fără a ta iubire

Fără a ta iubire,
Nu știu de pot trăi,
Încerc, mă zbat în neștire,
Cât greu îmi este tu nu știi!

Îi caut vieții sensul,
Să pot, să am tăria
Și nu-i înțeleg mersul,
Nu mă-nțeleg cu lumea.

Tu ești aici sau ești departe,
Din gânduri te-am croit,
Ți-am dat o formă mai aparte,
Doar pentru mine te-am întocmit.

Și-am pus în tine atâta iubire,
În vise și doruri te-am zidit,
Cu inima mea în neștire,
Corpul în lacrimi ți-am acoperit.

Și încă mai stau târziu în noapte,
Privind și așteptând,
Tresar obosită la orice șoapte,
Până adorm cu tine-n gând.

Fără tine

Fără tine eu nu trăiesc,
Aripile mi s-au frânt,
Iar ochii-mi privesc,
Spre cer privesc cu jind.

Știu că fără tine,
Timpul nu mai curge
Și-n loc îl ține,
Iar ziua după noapte fuge.

Vreau să știi de mine
Și de visele ce-au pierit,
Într-o străină lume,
Fără-nceput și fără sfârșit.

Nimic nu trăiește fără tine,
Nimic nu mai are viață,
Aștept un somn care pleacă și vine,
Să topească noaptea de gheață.

Foșnesc

Foșnesc prin zilele călătoare,
Prin gânduri de mult părăsite,
Iar liniștea-mi chinuitoare,
Îmi cheamă sortitul ca să-mi cânte.

Și-aud cum vântu-ncet tresare,
Când pomii în mișcarea lor,
Se-apleacă, plâng și se îndoaie,
Sub povara grea a crengilor.

Mă-ntorc în liniștea din casă,
Căldura încet mă cuprinde
Și-o mână rece și frumoasă,
Îmi spune-ușor, mai stai cu mine.

Apoi întinde-un pahar iute,
Cu vinul roșu-mbietor
Și sorb licoarea-i tare dulce,
Cu-n rece și trecător fior.

Privesc paharu-n mâna vieții,
Ea-mi spune, stai aici cu mine
Și mă îmbată până-n zorii dimineții,
Apoi se-ntoarce și aici rămâne.

Și zi de zi măsor licoarea-i dulce,
Văzând cum viața-ncet mi se scurge,
Ea trece încet, nu știu unde se duce,
Îmi dă să beau, apoi dispare și fuge.

Gândul

Gândul mă trezește,
Gândul către tine,
Pleopa încă netezește,
Câte-o lacrimă ce vine.

Iar privirea-ncet coboară,
Peste amintiri trecute,
Ce trăiau odinioară
Și erau atât de sfinte.

Și-un oftat adânc se lasă,
Peste-o urmă de regrete,
Viața vine mai frumoasă,
Nu o las să mai aștepte.

Ghinion

L-ați văzut pe ghinion,
Cel cu ochii largi ca zarea,
Cu privirea-i de binom,
De-ți îngheață răsuflarea?

Cel cu zâmbet larg, viclean,
Te privește fix în față
Și îți pregătește iar,
O pedeapsă mai măreață.

Scoate oameni într-un suflet,
Să-i conducă spre pierzare,
Vorba-i lipsită de vreun sunet,
Rage-n adunarea mare.

Apoi roșu de mânie,
De se-ntorc făr-o izbândă,
Ghinionu-n agonie,
Se agită, se frământă.

Și gândirea-i încolțește,
Altă zi pentr-o revoltă,
Nu se lasă, nu obosește,
Ghinionul se dezvoltă.

Goliciunea

Am văzut goliciunea viselor voastre
Și vă deplâng pe voi,
Cei din care izbunesc miracolele,
De la nașterea răului
Și până-n buza prăpastiei,
În care vă zbateți,
Numărând clipele fatale.

Cei care zădărniciți,
Planurile procreării,
Astupând viziunile,
Complete și permanente,
Ale firii și ale naturii,
Crezând că-n voi,
Încolțește sămânța nemuririi.

Voi cei,
Care v-ați născut,
Înainte de-a se ivi marea
Și-ați înlocuit flămânzi și cerul,
Transformându-l într-o minge,
Terestră, de foc,
Ce-ați aruncat-o peste veacuri.

Voi care vă scăldați,
În abisu-ntunecat al mărilor păgâne,
Ce înghit fără noimă,
Câtă frunză și iarbă,
Suflete pierdute-n fluxul de ape
Și care se scurg,
Printre degetele voastre deschise.

Până când,
Vă veți sclifosi,
Ca o fată,
Cu fața pătată de bob și chin,
Ce-și unduie dizgrațioasă,
Șalele-aplecate,
De-ntorsătura vremurilor?

Până când,
Mâinile voastre unsuroase
Și pătate de haos,
Se vor ridica,
Nestingherite,
Peste creștetele,
Zămislite-n dragoste?

Până când,
Lucrarea voastră,
Lungă și laborioasă,
Se va-ntinde,
Ca o lavă fierbinte,
Revărsată,
Din buzele voastre?

Până când,
Ochii voștri de jar,
Vor stăluci din spuză,
Îngrozind până și soarele,
Care șade să se stingă,
Pentru ca lumea,
Să nu-l vadă?

Toți stați îngrămădiți,
Într-un singur corp,
Deranjați fiecare de restul
Și reci vă sunt trupurile,
Fără sânge, sunt de lut,
Cu greu mișcătoare la bine
Și într-o viteză nebună la rău.

Gonit

Gonit din harul fericirii,
Este cel ce nu cunoaște,
Flacăra iubirii,
Ce lângă el mocnește.

Este lipsit de harul nemuririi,
Cel ce lacrima nu șterge,
De pe-obrazul mângâierii,
C-o inimă caldă și nu rece.

Orbit e cel ce nu zărește,
Zâmbetul cald, duios
Și-n lumea asta se petrece,
Ca omul mânios.

Iar întristat acel va fi,
Ce într-o zi culege,
Doar sumbre amintiri,
Din dragostea ce-i trece.

Iubesc primăvara

Iubesc primăvara din tine,
Cu bobocii de floare,
Care se deschid în privire
Și caut o adâncă apropiere.

Caut s-ajung până la tine,
Să-ți spun, să strig,
Că ești dragostea vie,
Ce se-nfiripă pic cu pic.

Aș vrea în palmă să te strâng,
Din când în când să te privesc,
Să-ți simt căldura câte-un pic
Și să mă bucur că trăiesc.

Iubește tu

Iubește tu,
Că eu nu pot iubi,
Inima stă răstignită-n amintiri
Și-acolo te-aș răpune,
De-ai să vii,
Iubește tu departe,
În sfintele-ți trăiri.

Împarte dragostea pe căi,
De rătăcită,
Cândva mă voi pierde,
Să mă întorc,
De parc-am plecat ieri,
Fără să văd,
Cum ochii se transformă.

Și-ascunde tristețea,
După chipul lăsat,
În vorbele rostite la plecare,
Eu am plecat,
Tu n-ai uitat,
Iar inima,
Îți strigă-n disperare.

Nu vom avea,
Sfârșitul fericit,
Nici stele nu vor rasări pe cer,
Îmi vei păstra doar gândul,
Că m-ai întâlnit
Și că ploua afară,
Sau poate era ger.

Iubirea din inimă

Iubirea din inimă nu se stinge,
Ea stă adâncită și parcă mai tare,
Se-aprinde și se frânge,
Mă-ntreb de am vreo vină, oare?

Dac-aș putea s-ating a ta inimă,
Dorul din tine să-l smulg,
Să te adap cu apă lină
Și liniștea-n tine s-o aduc.

Dar mâinile mele neputincioase,
Spre cerul înalt se-ntind
Și-n rugăciunile duioase,
Își strigă neputința și o plâng.

Iubire și vis

Iubire și-un vis,
Așezate pe zâmbet stins
Și-un sărut uitat,
Ce rece s-a lăsat.

Pe buze mângâiate,
De vremuri reci, uitate,
Iubire și-un vis,
Atât doar ai promis.

Iubire trecută-n amintiri,
Lăsând o urmă de-amăgiri,
Acoperită-n praful uitării,
Tu stai dosită-n urma mării.

Căci valul vieții te-a învârtit,
Pe-o culme ce s-a prăpădit,
Iubirea ta de-odinioară,
S-a dus si n-o să mai apară.

Iubirea ce lacrimi a băut,
Din ochii care-au plâns prea mult,
S-a stins odată cu tăcerea,
S-a dus și nu mai este aievea.

Îmi este inima plină

Îmi este inima plină de mâhnire,
Că vorbe-nșiruite curg degeaba,
Nu știi, nu vezi nimic romāne,
Când ți se pierde sub privire țara?

Pământuri, codrii, munții și câmpii,
Primit-au gratis hoardele străine,
Tu ce-i lăsa când cresc ai tăi copii,
Cum vor trăi și or mânca vreo pâine?

Ți-e burta plină, casa ți-i avută,
Nu mergi pe jos, piciorul să nu-ți strici,
Te-mbraci în haine scumpe și valută,
Dar viața ta se termină aici?

Nu vezi cum vântu-ți suflă fala,
Cum se deschide larg pieirea,
Cum tu muncesti degeaba,
Îmbogățind mai mult orânduirea?

Nu vezi că praf aduni de-o clipă,
Că munca ta nu-i munca ta,
Că nu ai libertate, n-ai nimică
Și într-o zi nici viață nu-i avea?

Îmi iau rămas bun

Îmi iau rămas bun,
De la tine lume,
Eu plec pe-un drum,
Dar tu aicea vei rămâne.

De-ai ști ce searbădă ești lume
Și vrei tu multe să-mi arăți,
Nu știi că n-o să iau nimic cu mine?
Nimic nu vreau să mă inveți!

Tu schimbi și norii după buzunare,
Iar ochii mari iți ies din orbite,
Când mare-i prada din trădare,
Vânzând chipuri și suflete chinuite.

Mi-e milă și lehamite de această lume
Și de-ar fi ca să trăiesc o veșnicie-n ea,
Aș crede că pământul a uitat de mine
Și asta-i o pedeapsă tare grea.

Îmi plânge inima în valuri,
Dar știu că Dumnezeu este colea,
Nu-și lasă fiii pe coclauri,
Îi va aduce-n casa sa.

Ce pot să-ți spun eu ție lume,
Când tu copilul de la sân ți-l lepezi,
N-ai mamă și nu ai vreun nume,
Te vinzi prea ieftin, pe-o mână de arginți!

De-i plânge,
Plânsu-ți va fi prea târziu,
Nu vor fi inimi care le vei frânge
Și-n fața ta se va întinde un pustiu.

Nu știu ce vezi tu lume,
Dar searbădă așa cum ești,
Alungi copiii de la tine,
Nu știi că o să-i prăpădești?

Bocesc și babele-n pridvoare,
De prin satele ascunse,
Doar ele-ți vor ieși prin cale,
Să-ți amintească vremurile apuse.

Îmi spui să nu fiu român

Îmi spui tu mie să nu fiu român?
Slugă nemernică, venită de departe!
Tu calci pământul meu străbun
Și te hrănești cu ale lui bucate!

Nu te-am chemat să-ngenunchiezi,
Un neam de șoimi, prea bun să se supună,
Venit-ai musafir să ne respecți
Și să cinstești a noastră patrie străbună!

Dar văd că tu stăpân aici te crezi,
Dușman al țării și-al nației mele,
Mergi prea departe, chiar visezi,
Că ni-i lega în lanțuri grele!

De spun în țara mea că sunt român,
Tu gura mi-o astupi cu pumnul mare,
Mi-ai luat și graiul, tricolorul fluturând
Și-ai pus în loc o cârpă fluturată-n zare.

Doar inima din piept n-ai putut smulge
Și-ncerci să pui cazne amare,
Eu vreau să-ți spun că îmi ajunge,
E timpul să te-alung peste hotare!

Îmi stai

Îmi stai așezată-n gând,
Rază culeasă din răsăritul dimineții,
Nu știu și povestesc cu-al meu gând,
Cum tu devii esența vieții.

Și te privesc cu ochii ce-mi surâd,
Când îmi trimiți un zâmbet cald, duios,
Sărut în grabă ochii rând pe rând
Și mă gândesc cât poți fi de frumos.

Cuvintele-mi se-agață uneori,
Le caut și le dau un sens
Și fericită mă pierd zilnic printre nori,
Acolo te mai caut, acolo te găsesc.

Și-i dau pământului culoare nouă,
Fericindu-mă că te-am găsit,
Împart cu tine inima în două,
Ți-o dau, s-o iei cu tine-n infinit.

În noapte

În miez adânc de noapte,

Pe coada unei stele-ai coborât,

Să-mi lași în inimă ale iubirii șoapte,

De care-mi era dor și le-am găsit.

Iar inima-mi se scaldă-n bucurie,

Culege flori, care cândva s-au ofilit,

Cu ele-atinge rana încă vie,

Ce nu s-a prins, în timpul ce-a murit.

Simțiri calde ale fiorilor din noapte,

Cuprind stările dezlănțuite,

Sorbind întruna din ale tale șoapte,

Împrăștiate-n ființa dinainte.

În ploaia de vise

În ploaia de vise eu m-am scăldat
Și inima în mâna ta ți-am pus,
N-am știut, nu știu de-ți este dat,
Să fii tu soartă, până merg la ceruri sus.

În ploaia de vise tu m-ai aruncat,
Ca pe-o umbrelă sfârtecată,
De vântul năpraznic ce s-a lăsat,
Pe inima ta spulberată.

N-ai sentimente, esti gol și ursuz,
Un zâmbet trufaș îl lași câteodată,
Să mintă că este-un dulce surâs,
Dar el îmi arată mintea ta întunecată.

Cu ploaia de vise m-am împăcat
Și-am cules din ea șiroaie,
Gându-ți ascuns m-a înșelat
Și-n el m-ai cuprins ca o ploaie.

Întrebi

Întrebi ce am în suflet,
De ce-i tot timpul cătrănit,
Dar n-auzi al său urlet
Și pleci fără să spui nimic.

Nu știi tu că tăcerea,
Aprinde flăcările-ncinse?
Nu știi că mângâierea,
Deschide lacătele-nchise?

Nu știi, tu nu știi multe,
Înclini ușor din cap
Și spui vorbe mărunte,
Căci ție astea-ți plac.

De ce este pustiit sufletul,
Când spui că-mi ești aproape
Și-mi spui că nu e altul,
Să-nțeleagă ale mele șoapte?

Te-apropii de-ale mele vise,
Cu pași mărunți și foarte grei,
Deschizi ușile închise,
Dar nu privești în ochii mei.

Acolo-s lacrimi ce se-adună
Și-n volbura izvorului ce curge,
Mâhnit stă sufletul în umbră
Și nu-l întrebi de ce se frânge.

În visul

În visul unei nopți de vară,
Te-ai zămislit și-ai apărut,
Era o noapte caldă afară,
Pe cer stelele s-au așternut.

Și-n visul unei nopți de-o seară,
Cu tine am zburat spre cer,
Eram doar noi în altă eră,
Eram o lume-nvăluită în mister.

Dar visul nostru dintr-o vară,
De toamnă s-a lăsat învins
Și cerul a-nceput s-doarmă,
Căci visul de-o vară, s-a stins.

La bună vreme

La bună vreme iubire,
Îmi freamătă inima doar pentru tine
Și simțămintele se torc de zor,
Din ghergheful încărcat al anilor.

Iar firul se-ntinde fără hotar,
Mă cheamă să-ți fur un sărut ștrengar,
Acolo te caut să-ți dăruiesc iubire
Și-al meu sărut trimis pentru tine.

L-ai prins, l-ai păstrat în sânul tău cald?
Te-am tot strigat și te-am căutat,
Aș vrea să știu c-ai primit un sărut,
Și că l-ai păstrat atât de mult!

La luptă române!

La luptă române,
Când țara ți-o cere!
La luptă române,
Când viața se cerne!

Dușmanul te vrea,
Un sclav ca să fii,
Furând libertatea
Și-ai țării copii!

Când viața se zbate,
În piepturi zbuciumate,
Ridică-te frate,
Că liniștea ta e departe!

Ridică-te Ioane,
Ridică-te Vasile
Si voi care stati dupa cortine,
Urgia-i aici, aproape de tine!

Nu sta adâncit în frică,
Nu sta adâncit în mândrie,
E ultima redută care pică,
Dă-i puterea să rămână vie!

La mulți ani Românie!

La mulți ani Românie!
Țară încercată, țară minunată,
Ce pot să-ți dăruiesc eu ție,
Decât inima-mi curată?

La mulți ani Românie!
Țară plină de istorii,
Unde fiii ți-au murit pe glie,
Pentru tine doar în glorii.

La mulți ani Românie!
La mulți ani români!
Viața să vă fie bucurie,
Cu puterea din străbuni!

Limba strămoșească

Eu nu vorbesc cuvinte-ntortocheate
Și nici n-amestec vorbele străine,
Că-s sfinte vorbele de la strămoși lăsate,
Așa că ține minte tu române!

Tu ai primit în dar o limbă sfântă
Și ești dator curată s-o întreții,
N-o murdări cu vorbe ce-mprumută,
Destinele-altei țări, ce tu n-o știi.

Căci limba românească e străbună,
Prin ea înaintașii au răzbit,
Când au luptat și-au pus eroilor cunună,
Atunci când pentru țară s-au jertfit.

Pentru pământ și limba strămoșească,
Strămoșii viețile și-au dat,
Iar datoria ta cea creștinească,
Este să dai copiilor, ce ție ți s-a dat!

Mai dă un sărut

Mai dă-mi un sărut,
Când zorile se-aprind,
Atinge-mi buzele crăpate,
De timpul pe ele lăsate.

Primește-mă în brațele tale
Și ține-mă în lunga-mbrățișare,
Dă-mi din căldura trupului,
Contopit cu uitarea timpului.

Atinge inima ce se zbate,
În lungi așteptări deșarte,
Mai stai și lasă un sărut,
Rămâi, nu vreau ca să te uit!

M-acopăr

M-acopăr cu ramurile iubirii,
Ce cresc adânc din mine
Ș-i dau cale liberă fericirii,
Că-n urma mea ramâne.

Împrăștii candoare
Si bucurii nenumărate,
Îi dau iubirii ce nu are,
Clipe frumoase și nu deșarte.

Mă-nfrupt din clipele iubirii
Și sorb ușor savoarea ei,
Nu mă grăbesc căci anii,
Nu mai aleargă ca și ieri.

Nu-mi pasă de afară,
Se zbat gânduri și fapte,
Trăiesc în primăvară,
Nu mă mai zbat în noapte.

Nu-mi pasă dacă strigă,
Cu glasu-i răgușit,
Tristețea neagră și avidă,
Vrând să cioplească doar un pic.

Mai stai

Mai stai în visul meu și nu fugi,
Mi-e teamă ochii să-i deschid,
Că poate nu te-oi mai găsi
Și iar în mine mă închid!

Mai stai cu mine-un pic,
Să cred că viața-i veșnic vis,
Atunci când zbor și mă ridic
În ceru-nalt din paradis!

Te rog mai stai cu mine,
Din trăinicia ta să-mi dai,
În viața asta plină de suspine,
Să pui fărâma ta, ruptă din Rai!

M-am revărsat

M-am revărsat din tine Românie,
Ca un lac învolburat ce-a curs,
Cu inima-mi plină de mâhnire,
Când ochii-n lacrimi mi s-au scurs.

Apoi vremurile mi-au săpat prin inimă
Și-au scos ca odinioară,
Mult dor și multă patimă,
Ce doar românului i-e dat să aibă.

Te-am văzut din nou Românie,
Erai ca o fecioară-n soarele diminetii
Și privindu-te cum nu-ți pasă ție,
Nu m-am îngrijorat, știindu-ți cursul vieții.

Tot mai frumoasă te înalți
Și-mi cuprinzi inima cu dor
Și vrei tu parcă să-mi arăți,
Că ești țara florilor.

Cu dragoste-am început să te cânt
Și să te strâng în brațele-mi obosite,
De-atâta dor, de-atâta avânt,
Când se stingeau în mine ponosite.

Ești zâmbitoare ca dup-o mare suferință
Și te cunosc, c-așa am fost și eu,
Picat-am fără multă biruință,
Crezând că cerul a picat în hău.

Inima-mi râde și plânge totodată,
Când odă-n pragul serii stau să-ți cânt,
Ești mai frumoasă și mai bogată,
În aste vremuri, în care popoarele plâng.

Măicuță

De câte ori tristețea intră-n mine
Și jugul durerii rău m-apasă,
M-ascund în umbra amintirii,
Căci gândul mă duce acasă.

La ușa casei larg deschisă,
Măicuța mă așteaptă-n prag,
Zâmbind și tare fericită,
Spune că iar m-a așteptat.

Și-mi spune vorbe ce m-alintă,
Cu dragoste în vocea-i blândă,
Iar inima mi se-nfierbântă,
Când ochii-n lacrimi se inundă.

Apoi când visul mi s-a spulberat,
Mă prăbușesc pe perna-nlăcrimată,
Măicuță iarăși te-am visat,
Tu ești în cerul ce m-așteaptă!

Mă oglindesc

Mă oglindesc în tine,
Când chipu-mi este trist,
Știind c-așa îmi este bine,
Că doar așa exist.

Apoi îți sorb lumina ce răsare,
Din privirea ca o carte de povești,
Mă năucește și nu am putere,
Să părăsesc lumea-n care ești.

Și sentimente stranii mă-nfășoară,
Când mâna ta ușor m-atinge,
Făcându-mă să uit c-odinioară,
Fugeam de dragostea ce frige.

Mă sting

Mă sting în noapte de tristețe,
C-o inimă ce nu-ncetează,
Îi dau motive și povețe,
Dar ea rămâne mereu trează.

Caută bucuria aprinsă,
De-o lumină ce demult s-a stins,
Când doborâtă și învinsă,
Trezit-a fost din vis.

Nu găsește-n nimic plăcere,
Iar zilele sunt aspre, fără soare,
Norii se plimbă printre ele,
Împrăștiați pe cerul mare.

Mi-ai adus

Mi-ai adus un vis,
Apoi ușor l-ai spulberat,
Când inima mi s-a deschis,
Simțind că nu erai cel destinat.

Mai văd și-acum aievea,
Cum așteptai grăbit,
Țineai în mână o lalea,
Erai așa stingher și fericit!

Ți-am dat al meu sărut,
Ca simbol al dragostei,
Era de fapt doar un tribut,
Pe care te-ai grăbit să-l iei.

Acum vreau timpul înapoi,
Să-mi iau acel sărut,
Să fiu doar eu, să nu fim noi,
Să merg înainte și să te uit.

Mi-e dor

Mi-e tare dor de-acele timpuri,
Din iernile copilăriei mele,
Le scot din inimă-n răstimpuri,
Pierzându-mă prin vis cu ele.

Mă văd cu-obrajii roșii, înghețați,
Râzând și adunând zăpada,
Lângă copiii adunați,
Să-ntâmpinăm cu bucurie iarna.

Mi-e dor să am fiori

Mi-e dor să am în inimă fiori,
Fiorii dragostei divină,
Când vii și-n minte te strecori
Tu cel ce m-ai ținut cândva de mână.

Împart și lacrimi printre amintiri,
Crezând că vina-mi aparține,
Iar ele cad mărgele din priviri,
Lăsând o dâră caldă și subțire.

Ce-a fost a fost, îmi spun eu uneori,
Simțind cum inima se liniștește,
Atunci de ce mă-ntorc de-atâtea ori
Și totu-n mine arde, se trezește?

Te-alung, te chem în nopțile târzii,
Am o inimă ce-i plină de capricii,
Sau poate înca te aștept să vii?
Nu știu ce vreau, nici inima ce zice.

Ne-ați vândut

Ne-ați vândut a noastră țară,
Voi tâlhari și nesătui
Și-ați săpat o mare rană,
Pe-acest neam al nimănui!

Ați vândul codrii, pământul,
Neamul ni s-a risipit
Și ați spulberat ca vântul
Totul pân-la răsărit.

N-avem trai și n-avem țară,
N-avem legi să ne-ocrotească,
Ați vândut ca pe tarabă,
Istoria strămoșească.

Și v-ați pus pe jilțuri-nalte,
Să-mpărțiți această țară,
Între clanuri adunate,
Care erau de ocară.

Acum totul se sfârșește,
Pierdem tot ce-am mai avut,
Poate Domnul vă trezește,
Să vedeți ce ați făcut!

Noaptea

Contemplu noaptea cum se stinge,
În dimineața albă, răcoroasă
Și văd pe geam că se prelinge,
O ploaie care urme de șiroaie lasă.

Departe-acolo printre ramuri,
Aud cum vântul șuieră furios,
Îndrept perdeaua de la geamuri,
Să văd de trece-un trecător pe jos.

Dar nici-o siluetă nu străpunge,
Frigul și ploaia de afară,
Doar noaptea tristă se mai stinge,
Întunecând încă firavă.

Noaptea rece

În noaptea rece, răcoroasă,
Ce-mi răscolește gândul,
Simt frigul cum încet se lasă
Și-aud cum strigă-afară vântul.

Un ceai mi-am pus în grabă
Și beau din ceașca aburindă,
Privind cum noaptea se destramă,
Sub privirea-mi cea plăpândă.

Și gândurile mi se-opresc,
Pe-un vers uitat cândva în grabă,
Măicuță iarăși ți-am cules,
În vers privirea ta cea dragă!

N-am crezut

N-am crezut c-aș putea,
Să mă-ndrăgostesc așa,
Niciodată n-am crezut,
Să iubesc atât de mult.

Numai tu din mii de stele,
Ai știut drumul prin ele,
Numai tu din mii de inimi,
Ai știut calea, pentru a veni.

Credeam că dragostea s-a sfârșit,
Că drumul spre ea a pierit,
Dar calea spre inima mea,
Tu ai știut a descuia.

Nu mă vinde

Nu mă vinde-acum române,
Că-ntre noi un suflet bate
Și mâncăm aceeași pâine,
Tu-mi ești frate, eu ți-s frate!

Nu mă vinde astăzi frate,
Mâine singur vei sta pază,
Jivinelor ce-or să te-atace,
Fără clipă de zăbavă.

Ține minte ce spuneau străbunii,
Frați de cruce să murim,
Nu lăsa să muște câinii,
Amândoi să-i biruim!

Nu pot să uit

Nu pot să te uit,
Visul se-ntoarce la mine,
E-un vis frumos, un vis urât,
Care face parte din tine.

Acolo cândva te-am lăsat,
Gândind că poate,
Mintea mea te-a uitat,
Acolo unde ești departe.

Nu pot să uit, să mint,
Când gândul se-nfioară,
La ce a fost, la ce-am trăit,
Cândva, odinioară.

Acum pașii vieții se culeg,
Ca fructele în toamnă,
Iar eu am oboist să mai alerg
Și gându-aș vrea s-adoarmă.

Nu ți-am spus

Nu ți-am mai spus de mult iubite,
Că cerul este plin de stele
Și că lumina lor se-mprăștie ca înainte,
Nimic nu s-a schimbat, doar vremea cerne.

Nu ți-am mai spus cuvinte,
Din inima ce-n dor mult a zăcut
Și-n lacrimi calde, pe fața fierbinte,
Ea s-a scăldat ca pruncul cel născut.

Nu ti-am mai spus și nu-mi găsesc cuvinte,
Să-ți povestesc de întunericul de-afară,
Când așezată lângă geam, cuminte,
Te așteptam, spunându-mi c-o s-apară.

Nu ți-am mai spus și poate n-oi mai spune,
De gândurile mele-ascunse,
Le-oi lua ca amintire din această lume,
Păstrându-le ca taine nepătrunse.

Nu veni

Nu veni în viața mea,
Ușa nu-i deschisă tuturor,
Poate să intre-n ea,
Doar cine știe că doru-i dor.

Nu veni-n inima mea,
Ea prețuiește ce-i frumos,
Cunoaște bine ce-i iubirea,
N-o risipește fără de folos.

Nu te-apropia de lumea mea,
Nu-ncerca să intri făr-a ști,
Că nu-i usor, nu vei putea,
Ca să reziști, să fii.

Nu vreau

Nu vreau de la dragoste prea mult,
Nu-i cer bogății nesfârșite,
Sunt mulțumită doar c-un sărut,
Care m-adoră și nu minte.

Tu știi de ce-am plecat,
Când visele-mi s-au stins
Și amintirile cu mine le-am luat,
În trecerea vremii le-am închis.

Dragostea toată s-a făcut scrum,
Arzând în flacăra avară a iubirii,
Nici amintiri n-am adunat în pumn,
Țin palmele scăldate-n lacrimile amăgirii.

Oboseala

Oboseala-mi cuprinde fără milă chipul,
Sculptând o durere pe fruntea-naltă și grea
Și-oprește-n loc parcă și timpul,
Ce mușcă cu nesaț din răbdarea mea.

Simt că durerea se-ntinde între început și sfârșit,
Scrâșnește pe fruntea-mi plină de broboane,
Doamne eu știu că durează un pic,
Mai ia din durerea, ce se-aprinde și doare.

Pășesc încet, răstignind pașii-mi pe caldarâm
Și-n gând rugăciunea se-aprinde mai tare,
Privesc către cer, întrebând dacă plec sau rămân,
Durerea-n genunchi mă aruncă și mă-ncovoaie.

Cu lacrimi ce curg, mă ridic și înc-un pas,
Înaintez s-ajung la patul cel moale,
Apoi mă arunc, în aer mă las,
Să intru într-o lume, unde nimic nu mai doare.

Ochii tăi

Ploaia de lacrimi cade din ochii tăi
Și-n verdele-aprins de chihlimbar,
Strălucește-n tăcere lumina din ei,
Ascunzând un gând adânc și bizar.

Gândesc a ști, de vrei să mă dai uitării,
Prin fermitatea gândului ce-ți aleargă aiurea,
Împrăștiind o adâncă și-o profundă tăcere,
Cu-n gust amar sau dulcele ce curge-ntruna.

Pătrund grăbită-n gândul tău,
Dar buzele-ți parcă-mi spun, să plec departe
Și-adâncul ochilor îmi desenează gându-ți greu,
Văd calea ce se-ntinde și ne desparte.

Dar ne-am iubit atât de mult!

Iubirea nu se uită, iubirea iartă

Și-acolo unde eu te-am cunoscut,

Am pus de strajă inima-mi curată.

O lume

O lume tristă se arată,

După clopotnițe ce stau în surlă,

Să-nceapă din nou ca sa bată,

Când moartea se așează-n umbră.

Cu mireasma-i ascuțită,

Sub paloșul ce se-nvârtește,

Păzește creștete care se-agită,

Când viața dintr-odată se oprește.

Și-acele popoare ce-altădată,

Nu le știai de existență

Și le vedeai un nume pe o hartă,

Acum ei vin ca să ne dea povețe.

Și-ndrăznesc a ne supune,

În țara și-n pământul nostru,

Că n-avem drept nimic a spune,

Nu știm ce suntem, care-i rostul.

Omul

Când în pământ omul se coboară,
Într-o lume-ntunecoasă și necunoscută,
Acolo pașii se-opresc pentru ultima oară,
Pe-un drum ce niciodată n-o să-l mai aducă.

El nu mai plânge, nici lacrimi nu mai are,
Clepsidra vieții-n grabă i le-a șters
Și-n jur nu-i nimeni, nu-i nici-o alinare,
Doar vântul se aude, deapănând vreun vers.

Iar codrii plâng când frunzele-și agită,
În ploaia rece și-n vântul care urlă
Și plânsul lor e-o cântare dintr-o scripcă,
Ce scârțâie arcușul peste-o coardă ruptă.

O noapte

O noapte peste noi,
Se-așează și aduce,
Un gând și mai apoi,
Ne-apropie și ne seduce.

Îți dau săruturi numărate,
De stelele care privesc,
În noapte două siluete,
Cum se sărută și se iubesc.

O pojghiță

O pojghiță de răcoare,
Își arată umbra-n prispă,
Te apleci cu supărare,
Ștergând ochii într-o batistă.

Apoi șezi privind în zare,
Pruncul sus pe deal cum urcă,
Se întoarce, strigă tare,
De se-aude până-n luncă.

Iară glasu-i te-nvioară,
Intră parcă și-ți străpunge,
Inima-ți bătrână mamă,
Cum îl vezi că-ncet se duce.

Și la piept strângând cu jale,
Lacrimi ce curg din batistă,
Fluturând-o până-n zare,
Te întorci în casă tristă.

Noaptea vine supărată,
Printre frunze veștejite
Și așa întunecată,
Raza lunii parc-o-nghite.

Casa-i goală, liniștită,
Doar ceasornicul se-aude,
Mintea, corpul se frământă,
Te simți singură pe lume.

Te scufunzi în taina serii,
Care-ți bate-ușor la ușă,
Verși măicuță lacrimi grele,
Bătrânețea-i cale-ascunsă.

Pe fiecare fulg

Pe fiecare fulg de nea,
Ce jucăuș coboară pe pământ,
Se oprește-ncet privirea,
Cernând gânduri când și când.

Și-o ploaie de gânduri cu fulgii de nea,
Ce se-aștern peste geamul aburit,
Desenează în grabă o stea,
Răvășită-n spațiu și-n timp.

Întind mâna către tine,
Să-ți trimit în dar o stea,
Însă depărtarea-mi spune,
Că se va topi și ea.

Pe geana

Pe geana nopților sfioase,
Coboară somnul lung, plăpând
Și în căderea lui se țese,
O liniște ca de mormânt.

Privesc întunericul din beznă,
Ce se-adâncește și rezistă,
Din cerul care geme, strigă,
Într-o tristețe ce persistă.

Și-n casa tăcută și goală,
Ochii contemplă ce-a rămas,
Se-opresc pe-o noptieră,
Făcând în grabă un popas.

Acolo-ți stă încă paharul,
Ce-i pe jumătate gol
Și-n el se varsă-adânc amarul,
Lacrimilor care curg și dor.

Pe o rază

Pe-o rază de lumină,
Gândul spre tine-l trimit,
Din întunericul cu lună plină,
Unde tristă-am stat un pic.

Lacrimile s-au rostogolit de-a valma,
Peste fața inundată
Si am plâns, am plâns degeaba,
Plânsul s-a schimbat în șoaptă.

Și-a rămas pierdut prin stele,
Peste cerul larg, întins,
S-a amestecat prin ele
Și-a uitat de al meu plâns.

Peste noaptea

Peste noaptea-ntunecată,
Ridicate stau spre cer,
Mâini în rugăciune tată,
Să primești tineri în el.

Inimile încercate,
De durerea întristării,
Să le mângâi tu pe toate,
Prin pocăința iertării.

C-au plecat spre tine-n grabă,
Fără viața s-o cunoască,
Vlăstare care-or să șadă,
Lângă fața ta cerească.

Plânge cerul

Plânge cerul, plânge marea,
Plâng și pietrele pe câmp,
Omul și-a uitat chemarea,
Transformându-se în timp.

Fermecat de gânduri slabe,
Tot mai jos s-a coborât
Și-a uitat câtă putere,
Are-n corpul lui cel sfânt.

S-a lăsat în voia sorții,
Alții ca să îl conducă,
Chiar de ajunge-n mâna morții,
El nu mișcă, nu se-ajută.

Plecat-am pelegrini

Plecat-am pelegrini haihui,
Prin lumea largă ne-am pierdut
Și nu-i păsa chiar nimănui,
Că drumul înapoi nu l-am găsit.

Ne-au dat și-un nume cam pocit,
Diaspora acum ne spune
Și din români am devenit,
Românii fără țară, fără nume.

Venim când dorul ne răpune
Și-n lacrimi drumul îl scăldăm,
Apoi ne-ntoarcem iar în lume,
În țară noi loc nu avem!

Iar anii trec, cu lumea ce se risipește,
Copiii de români se nasc prin lume,
Crezând că graiul românesc nu trebuiește
Și nici cetățenia, care le apune.

Ștefania Rotariu

Povești

Povești vom spune-n vremi îndepărtate,
Copiilor ce n-or mai ști ce-am fost,
Despre eroii țării ce dintr-o carte,
Istoria i-a închis pe veci, i-a șters.

Ei au luptat sperând ca peste vreme,
În țară ca stăpâni noi să trăim,
Peste pământul care încă geme,
Cu sângele vărsat ce-l prețuim.

Însă degeaba stă încă de veghe,
Chemarea marilor eroi,
Românul încă doarme și așterne,
Tăcerea pentru ziua de apoi.

N-avem țară, nici istorie,

Iar pământul l-am lăsat zălog,

Lumii păgâne care vine

Și viața ne-o așează la noroc.

Și jugul minților păgâne,

Se-așează pe grumazul dezgolit,

Căci tu te-ai dezbrăcat române,

De haina care te-a învelit.

Ai dat cojocul de pe tine

Și ploile te-or alunga,

Când va veni ziua de mâine,

Și loc în țară nu-i avea.

Ce să-ți mai spun acum copile,

Când eroii s-au pierdut?

Noi n-am știut lupta mai bine

Și capu-n pământ noi l-am ținut.

Privesc în jur

Privesc în jur,
O lume care se deschide
Și-n care eu pășesc acum,
Când viața-mi surâde.

Deschide porți,
Închise altădată,
În mâinile grăbitei sorți,
Ce-mparte viața pe bucată.

Privesc un soare,
Ce-n lumina-i mă cuprinde,
Mă-ncălzește cu ardoare,
Că-i venită pentru mine.

Sunt fericită

Și privesc în jur,

O lume care se ridică,

O lume-n care să respir.

Privesc clipele

Privesc cum se-nșiră clipele,
Peste ziua grea și nouroasă,
Ce-mi toarce iarăși gândurile,
Din povestea mea duioasă.

Și mă-ntoarce gândul iară,
În odaia mică, sumbră,
Unde-așa de prima oară,
Te-am văzut șezând în umbră.

Ochii-ți parcă sărutară,
Ale mele gene pline,
De privirea ta bizară,
Ce se așeza pe mine.

Sfredelind necunoscutul,
Mă-ncercau fiori deodată
Și-ți adulmecam sărutul,
Din făptura-ți așezată.

Privesc noaptea

Privesc noaptea cum se răsfiră,
Peste orele numărate
Și-mi deschide filă după filă,
Gândurile-mi răsfirate.

Mă cuprind și m-adâncesc,
Purtându-mă tare departe,
Prin locuri unde mai trăiesc
Și rătăcesc târziu în noapte.

Apoi o umbră de rutină,
Se-așează peste blânda noapte
Și umple-o filă mai blajină,
Cu vorbe rătăcite-n șoapte.

Iar gânduri care stau să vină,
Se-nchid în mâna timpului
Și somnul cade și m-alină,
Adăpostindu-mă la pieptul lui.

Pune-un strop

Pune-un strop de fericire,
Sub pernă noaptea când adormi,
În somn să pot veni la tine,
S-alin durerea când mă chemi.

Știu că ți-e inima-ntristată,
Când depărtarea se-adâncește între noi,
Dar poate zile bune-or fi vreodată,
Să fim din nou acasă amândoi.

De m-oi întoarce mai devreme,
Să prindem pomii înfloriți,
Covor de flori îți voi așterne
Și ne-om plimba ca doi iubiți.

Ți-oi da sărutul revederii,
Pe buzele-nsetate de iubire
Și-n dulci îmbrățișări ne-om pierde,
Căci inima-mi tânjește după tine.

Puterea noptii

Puterea nopții se adapă,
Din gândurile mele,
Iar ochii nu primesc și-așteaptă,
Odihna care trupu-o cere.

Mă zbat între realitate și vis,
Curgându-mi gândurile grămadă,
Ce pot să fac, ce-mi este scris,
În viața ce-o trăiesc pribeagă?

Mi-e dor de oameni și de locuri,
Ce-n inimă-mi se odihnesc,
Mi-am pus și vreau mai multe scopuri,
Să le ating, să le-mplinesc.

De-ar fi o viață și tot nu-i destulă,
La cât aș vrea să mă ridic,
Să las un gând, să las vreo urmă,
Pentru cei ce stau la mine-n gând.

Ridică-ți ochii

Ridică-ți ochii române
Și nu-ți alege-n grabă stăpânul,
Gândindu-te că el îți dă o pâine,
Dar numai el gustă pâinea și vinul.

Ce-ai tu de la el române?
Doar biruri grele și apăsătoare
Și-n urma ta nimic rămâne,
Că lui îi dai a ta sudoare.

Ridică ochii române,
Căci numele îți este mare,
Puterea-ți stă în mâna care ține,
A pământului strămoșească valoare!

Te arde mâna ta române,
De-atâta muncă în zadar,
Aduni o zi la cea de mâine
Și viața de la capăt o iei iar.

Românie

Românie, Românie,
Țara noastră dragă,
Ce ți-au mai făcut ei ție,
De nu ești întreagă?

Nu mai suntem un popor,
Ce în slavă ridicăm,
Numele călăuzitor,
Al Domnlui să-l implorăm.

Te-ai înconjurat de-a valma,
De-obiceiuri rău famate
Și credința-și pierde taina,
Lumânării ce arde-n cetate.

Ne vom închina-n tăcere,
Într-un colț de noi știut,
Căci afară fiara geme
Și creștinul s-a pierdut.

Ștefania Rotariu

Rugăciune

Doamne-ntinde ale tale brațe,
Peste lumea asta mare,
Dă-ne minte și povețe,
Doamne adu-ne alinare!

Fii tu umărul ce-adună,
Suflete greu încărcate,
Ține tu poporu-n mână,
Nu lăsa securi pătate!

Fii în fruntea noastră Doamne,
Când primejdia se-arată,
Să ne-adăpostim în tine,
Ești speranța noastră tată!

S-au împrăștiat

S-au împrăștiat cărări,
Din tine au pornit
Și ele nu duc pe nicăieri,
S-au înfundat un pic.

Iar cărările-mpărțite,
Nu se-adună laolaltă,
Fiindcă-s tare ciopârțite,
De-o mânie adunată.

Și sub norii ce coboară,
Te învăluie din mers,
Ploaia rece, ca de toamnă,
Care șterge din tristeți.

Să fii poet

Să fii poet nu-i lucru mare,
Acum în vremuri de poveste,
Când știe să compună fiecare,
Un vers și iată că poet el este!

Dar simțurile și valoarea,
Nu-s doar cuvintele deșarte,
Acolo-și pune poetul starea,
Din gânduri transformate-n șoapte.

Și-i cântă sufletu-n pustie,
Când inima poetului se frânge,
El n-are cum și nici nu știe,
Durerea s-o arate și s-o strige.

Când ferecate-n suferință,
Versurile-i aleargă-n boarea dimineții,
Fără vreo umbră de căință,
El dă șir poveștii, dă viață vieții.

Să poți

Să poți,
Să fii un suflet care crește
Și se înalță zi de zi,
Sub viața care-l netezește.

O inimă ce-mparte,
Sentimente, bucurii,
Cu partea,
Care-i este parte.

Un umăr ce așteaptă,
S-adune lacrimi mii,
Fără vreo umbră,
De răsplată.

Să poți iubi,
C-o dragoste nebună,
Cu ochii inimii să vezi
Și să ieși din orice furtună.

Să poți iubi
Și să poți trăi,
În viața fără bucurii,
S-o faci să fie-ntreagă.

Să poți aduna lacrimi
Și vise nenumărate,
Din timpuri ce-au apus cândva,
Când tu credeai, că viața-i jumătate.

Sărut mâna

Sărut mâna mamă dragă,
Căci departe-am zăbovit,
Pașii grei și fără vlagă,
S-au pierdut, te-au ocolit.

Casa am văzut-o goală,
Plânsul tău l-am auzit,
Din ochi parcă stă să-ți cadă,
Lacrimi calde ce m-au fript.

Singură în ceas de noapte,
Plâng și mă gândesc la tine
Și te strig mamă prin șoapte,
De-ai putea să fii cu mine.

Să mă mângâi cu-a ta voce
Și să-mi spui că o să-mi treacă,
Dorul care nu-mi mai trece,
Te tot plânge și te-așteaptă!

Să treci

Să treci prin viața călătoare,
Ca un pribeag mereu grăbit,
Fără să lași în graba-ți mare,
Vreun semn că odat-ai poposit?

Să vezi o inimă cum plânge,
Zbătându-se în durere mare
Și mâna ta nu poate șterge,
O lacrimă ce curge, doare?

Să treci ca trenul fără gară
Și fără pasageri să urce,
În viața ce-ți rămâne goală,
Nimeni nu vine sau se duce?

Să ai o viață simplă, rece
Și nimeni să nu intre-n ea,
Când viața vine și se trece,
Nu vrei părtaș să fii cu ea?

Scrisoare

Ce faci, când dor îmi e de tine,
Pe unde umbli, ce gând răscolești?
Aș vrea să știu de-ți este bine
Și-aștept îngândurată de la tine vești.

Eu sper că poate depărtarea,
Se va topi în ceața deasă-a vremii
Și vei găsi cu ușurință iar cărarea,
Spre tot ce-a fost, sau poate ce va fi.

Și-n timp ce gândul nu mă ocolește,
Trimit spre tine inima-mi curată,
Poate te află, poate te trezește,
S-o simți cum bate iar în poartă.

Se așterne

Se-așterne încet înc-o toamnă,
Peste pământul răvășit,
Cu frunzele-i ce stau să cadă,
Din pomii dezgoliți ce plâng.

Și-n graba-i păsări călătoare,
Le adună-n stoluri mari și vii,
Pe cerul încălzit de-un soare,
Cu raze calde și zglobii.

Apoi le-mprăștie în zare,
Lăsând în urmă-o dâră fixă,
Pe cerul albăstrui și mare,
Unde privesc atât de tristă.

Și-n liniștea zilei tăcută,
Mângâi petalele de flori,
Le-ating cu mâna mea plăpândă
Și le miros de mii de ori.

Mirosul lor ușor mă-mbie,
Când se-mprăștie suav,
Simțămintele-mi învie,
Purtându-mă pe-al meu meleag.

Se mișcă pașii

Se mișcă pașii mei agale,
Pe-un pământ tăcut și trist,
Mohorât și plin de jale,
Unde viața s-a închis.

Chipuri dragi, pline de viață,
Doar cu umila lor căldură,
Vor să spargă astă gheață,
S-o topească fără urmă.

Dar în plină amăgire,
Se tot zbat, se zbat întruna,
Căci puterea nu mai vine,
Anii vechi își lasă urma.

Și se duc luând cu ei,

Frumusețea, gingășia,

Lasă urmei pașii grei,

Să nu șteargă amintirea.

Se scutură

Se scutură vremea,
De ploi reci, adunate
Și frunzele cad aiurea,
Din pomii grădinii din spate.

Privesc tăcută-n admirare,
O frunză și-apoi altă frunză,
Ce se-ntinde pe pământul moale,
Fără să-i pese că e ruptă.

Apoi covorul lung se țese,
Cu frunzele căzute
Și-n culorile vii și dese,
Pământul schimbă fețe multe.

Eu mă gândesc că inima-i o frunză,
În care gânduri unul peste altul,
Se-nghesuie, se-adună
Și-mi umple întreg sufletul.

Pământul sufletului meu,
Are mereu culoare,
Iar ochii nu privesc-napoi,
Privirea se lungește-n zare.

Se zbate

Se zbate pulsul României,
Pe-o pancartă scrisă, fluturată,
De chipuri care seamănă și-o îmbie,
Spre-o prăpastie largă și căscată.

Și-acolo chipuri palide, pestrițe,
Cu mâinile întinse o așteaptă,
Nu-i dă răgazul să reziste,
Din drumul ei să nu se-ntoarcă.

Copiii României și-au scurs vlaga,
Prin glasuri tare răgușite,
Ce tot strigau că nu-și vând țara,
Dar au privit, cum iadul o înghite.

Părinții în credință-ngenunchiară,
Să ceară Domnului să ierte,
O lume care vine să aștearnă,
Frica, dezastrul și zilele incerte.

Soarele

Soarele încă-mi dezmiardă,
Ochii grei și adormiți,
Când privirea vrea s-o vadă,
Din ochii după gene dosiți.

Deschid ușor o pleoapă
Și razele o cuprind,
Căldura lor se-ntinde îndată,
Peste ochii ce privesc în timp.

E bine-acolo între vise,
Nu sunt probleme, nici dureri,
Iar porțile îmi sunt deschise,
Că stau și nu merg nicăieri.

Acolo-i o lume aparte,
Sunt eu cu ale mele gânduri,
Doar tu din ele mai faci parte,
Doar tu poți să le rândui.

Stau lângă foc

Stau îngândurată lâng-un foc,
Privind o flacără ce se ridică,
Gândind că singurătatea e-un noroc,
Ce-n mine se-nfiripă.

Petrec ore-n șir privind,
Gândindu-mă la tine,
Oare ești trist, privești zâmbind,
Când ochii tăi zăresc imaginea din mine?

Departe sunt și aducerile-aminte,
Sunt doar un veșnic gând,
Ce picură redeșteptând în mine,
Doar sentimentele ce încă sunt.

Ating cu mâna tremurândă,
Un chip ce se ridică, blând
Și-ncet, încet se înfiripă,
În flacăra ce-mi arde-n gând.

Iar brațele spre tine se îndreaptă,
Cuprinzând un trup inexistent,
Care se stinge de-ndată,
În flacăra ce-mi arde-n piept.

Străinătatea

În vremea rece de afară,
Vântul ce bate furios,
Mi-aduce dorul greu de țară,
De graiul neamului frumos.

Scrâșnește dorul mânios și geme,
Cerându-și dreptul nimicit
Și-n ușa inimii pocnește cu putere,
Să spargă gheața ce m-a răstignit.

Iar inima-mi se-apleacă de durere,
Când sufletu-mi în lacrimi a pornit,
Nu-i leac să-l stingă, să mai spere,
Că inima-i slabă, nu este de granit.

Și-n ochii plini de lacrimi,
Se așează-o umbră de tristețe,
Ai vrea tu inimă să zbori,
Dar cine-o să-ți mai dea povețe?

Tu știi că locul gol unde odată,
Te așteptau în prag buneii,
Nu mai există, nu te-așteaptă
Și ești străină, nimeni nu te mai știe!

Cu sufletu-mi de dor nemărginit,
Așez portrete de mult mângâiate,
În lacrimi le sărut și-ncet le-ating,
Privind trecutul care ne desparte.

Suntem flămânzi

Suntem flămânzi,

După lucrurile deșarte,

De Dumnezeu nu suntem flămânzi,

Pe el l-am aruncat departe.

Ne-am construit,

O lume cu chipuri adunate

Și inima ni s-a rătăcit,

Căci pe Domnul îl punem în spate.

Suntem flămânzi,

Pentr-o lume prea necunoscută,

În care alergăm goi și triști,

Fără s-avem direcția știută.

Ștefania Rotariu

Sunt multe inimi triste

Sunt multe inimi triste,
Ce nu le poți atinge,
Durerea lor e mare,
Durerea lor te frige.

Sunt multe inimi triste,
Ce înțeleg durerea,
Când viața nu surâde
Și nu se-ntâmplă aievea.

Doar inimile triste,
Trăiesc gustând din lacrimi,
Imprăștie căldură,
Pe ele să te reazimi!

Sunt umbră

Sunt umbră,
Sunt surâs,
O amintire sumbră,
Ce-ncetișor s-a închis.

Sunt visul ce aleargă,
Prin noaptea adormită,
Să prindă, să culeagă,
Gânduri ce se-nfiripă.

Și mă hrănesc cu lacrimi,
Din a inimii comoară,
Căci plânsul șade-n datini,
Nu curge din ochii de-odinioară.

Sunt un trubadur care-aleargă,
După gustul dragostei curată,
Ce zi de zi e tot mai rară,
Pierdută-n vremea ce se-arată.

Și dacă

Și dacă astă nație,
Capu-n jos ar vrea să-l ție,
Străbunii din pământ s-or ridica
Și nu mi te-or lăsa să mori,
Tu scumpă Românie,
Căci sângele străbunilor,
Zidește talpa ta!
Și dacă n-or fi mâini,
Să țină spada trează,
Copii din pântece s-or naște,
Ce-or sta de veghe,
Țării lor de strajă
Și nația nu piere,
O nouă națiune va cunoaște!

Și iată că vine

Și iată că vine iar toamna,
Cu frig, cu noroi și cu bălți,
N-am apucat să vedem cum e vara,
Că ne-ați închis în casă pe toți.

Schimbarăți cazna în tristețe și uitare,
Nu ne-ați lăsat nici liberi să visăm,
Muncim dimineața, mergem noaptea la culcare,
Obosiți și goi în suflet, nici vise n-avem!

Ce va veni și ce aveți în minte,
Nu știm și zilnic ne-ngrozim,
Nimic nu mai este ca înainte,
Nici noi nu mai știm să trăim.

Ștefania Rotariu

Și iată roata

Și iată roata iar se-ntoarce,
Române în puterea ta,
Tu ai putere, poți alege,
Gândește când le pui ștampila!

Căci o ștampilă este-un semn,
Pe pielea ta și-a celor care vin,
Nu vinde viața pe-untdelemn,
Sau pe o pâine și un vin.

Cercetează ca să înțelegi,
Că tu sortești o lume-ntreagă,
De tine ține să dezlegi,
Robia ce se strânge și ne leagă.

Nu pune preț pe ce tu nu cunoști,
Sau pe negoțul ce-ți arată,
Acei mișei ce spun, că sunt ai noști,
Dar sunt doar lupi, în pielea lor trucată.

Te amăgesc precum o băutură,
Apoi când sacii-s în căruță,
Rămâi sărac în bătătură,
Că-ți ia și viața, nu ți-o cruță.

Și îngerii plâng

Și îngerii din cer mai plâng,
Când ploaia tristă cerne,
Lacrimi ce curg încet, se frâng,
Pe caldarâmul care geme.

Și adună lacrimi una câte una,
În palma larg întinsă,
În ele parcă se-oglindește luna,
La fel de-ntunecată și de tristă.

Apoi ochii spre cer ridică
Și văd cum Domnul îi privește,
Ei știu că reușesc și nu le este frică,
Părintele din ceruri îi iubește.

Cu podul palmei lacrimile șterg
Și-ngenunchează spunând ei Doamne,
În fața ta spășit mă plec,
Nu-s demn să plâng, când eu îți calc pe urme!

Și mă gândeam

Și mă gândeam la astă lume,
De unde-ncepe și unde se sfârșește,
De ce tot umblă să adune,
Nimicuri ce nu-i trebuiește.

Căci viața-i dată în lumină
Și-n dragoste să ne-o trăim,
Să punem fiorii dragostei în inimă,
Cu lucruri deșarte să n-o înghesuim.

Să adunăm doar dragostea curată
Și oameni dragi s-adăpostim în ea,
Să facem viața tot mai minunată,
Căci nu știm ziua-n care vom pleca.

Și visul

Și visu-acum mi s-a sfârșit,
Odată cu plecarea nopții,
Cu tine-n brațe a fugit,
C-așa e firul sorții.

Încerc pleoapele să le-nchid,
Să prind crâmpei din tine,
Să mai păstrez încă un pic,
Din visul tău cu mine.

În brațe să mă ocrotești,
Iar lacrimile-amare,
Să le culegi si să le ștergi,
Cu mâinile tale.

Pe umăr maică să primești,
O frunte-ngândurată,
Doar tu poți să mai potolești,
Dorul din inima scăldată.

Tatăl meu

Cu tine somnul mi-l dezmierd,
În noapte când veghezi la căpătâi
Și dimineața-n rugăciune mă deștept,
Rugându-te în viața mea ca să rămâi.

Iar ziua dacă m-am împiedicat,
Picioarele nu s-au rănit,
Căci tată tu m-ai ridicat,
M-ai învățat să nu mai pic.

Mi-ai dat putere ca să lupt cu viața,
De multe ori să mă ridic
Și-n tine mi-am găsit speranța,
Când nu mă ajuta nimic.

Te-am asemănat

Te-am asemănat c-un munte,
Greu de urcat, cu piscul înalt,
Când inima a-nceput să-ți cânte
Și teama-n mine-a spulberat.

Am încercat să-ți intru-n inimă
Și-acolo multă iubire am găsit,
Ședea tăcută și umilă
Și bucuroasă că ne-am regăsit.

Și dintr-odată zăpada dintre noi s-a topit,
Tu ai zburat râzând către mine,
Ne-am luat în brațe și ne-am contopit,
Spre-o nouă și minunată lume.

Acum ceața din priviri s-a spulberat,
Lăsându-mi vederea curată
Și știu ce mult te-am căutat,
Nu vreau să te pierd niciodata!

Te doare

Iubitul meu din vechile milenii,
Ori din tărâmuri de demult,
Ce nu-și mai pot număra anii
Și uită cât de uitate sunt.

Mă doare dorul tău de mine
Și caut în inimă să te-adun,
Cu fiecare clipă care vine,
Cu ea fac pace și ei mă supun.

Slobod izvorul de fiori,
Să te adape-n miez de noapte,
Să vin când noaptea ai să dormi,
Să te sărut ușor pe pleoape.

Și ceasul vremii-n mână am să-l țin,
Să nu las clipele să treacă,
În cinstea lui voi bea un potir cu vin,
Când mâna peste mine-o să-și petreacă.

Și-n lacrimi buzele ți le-oi spăla,
Ca dorul tău să se aline,
Pe suflet dragoste-oi împrăștia
Și n-oi pleca de lângă tine.

Iubitul meu din mici secunde,
Ori dintr-un timp trecut alert,
Nu mă sfiesc să fiu cu tine,
Să te iubesc și să te iert.

Te-ntreb

Te-ntreb mereu române,
Pe tine care-n veacuri,
Ai stat de strajă hoardelor păgâne,
Fără să-ți pese de mânia nimănui.

De ce smerit,
Îți pleci în taină capul
Și-l pleci așa la nesfârșit,
De frică, sau tu ai altul?

De ce lași cântul să ți-l smulgă
Și rage vocea lor străină,
Pădurile, frumoasa luncă,
Nu-i adăpost să te mai țină?

Ștefania Rotariu

Te-mbraci în obiceiurile străine
Și vorbești în limbile pocite,
Renunți la graiul care-i parte-n tine,
Renunți la lucrurile tale sfinte.

Ce va rămâne peste veacuri,
Din istorie române,
Surcele aruncate vreascuri,
În focul care arde-n tine?

Te vâră-n suflet

Te vâră-n suflet ca scump jurământ,
Tu Doamne care-mprăștii iubire
Și fă pământul să mai fie sfânt,
Să crească pace-n astă omenire!

Revarsă duhul tău cel sfânt
Și bucurie adu-ne iară,
Iubite tată pe pământ,
Așa cum mai era odinioară.

Căci fii de daci și de romani,
Ai pus sub cerul gliei,
Să fie mândri, nu profani,
În mâinile urgiei.

Coboară Doamne pe-un pământ,
În care-ți șad copiii
Și lasă-ți duhul tău cel sfânt,
La poarta nemuririi!

Căci te-așteptăm de mii de ani,
Să vii cu fală mare,
Să mângâi fiii cei orfani
Și văduve lăsate în uitare!

Să ștergi tu lacrimi care-au curs,
Pe-un pământ certat de lupte,
Care în zadar s-au dus,
Deși s-au cucerit redute.

Timpul se scurge

Timpul se scurge,
Într-o clepsidră măsurată,
Iar nisipul lui cald frige,
Mai tare ca altădată.

Și zilele se scurg grămadă,
Când timpul se preumblă,
Peste-o lume încărcată,
C-o vreme rece, sumbră.

Cine poate să-nțeleagă,
Timpul care zile-nghite,
Fără să mai țină seamă,
De ființe chinuite?

Și-n întreaga alergare,
Ne cuprinde ca într-o horă,
Jucând în ea mic cu mare,
Ne-nvârtim fără osândă.

Toate le-am făcut

Toate le-am făcut,
Numai de dragul tău,
Nimic nu am știut,
Decât iubirea ce-o am eu.

Toate le-am crezut,
Fără să caut înțelesul,
Iubirii așezată dup-un scut,
Iubirii care umple universul.

Și toate le-am cuprins,
Într-o inimă larg deschisă,
Ce adăpostește-un vis,
Din care se înfruptă și rezistă.

Trăim

Trăim zilele de pe urmă,
Care se scurtează și nu știm,
Când ziua va fi, ce-o să ajungă
Și prin ce locuri o să mai fim.

Nu știm de-n lume este oare,
Un loc mai sigur, mai curat,
Când împânzit de lungile convoaie,
Pământul este-mpresurat.

Iar omul care fața și-o ascunde,
Cu-a morții văl înfășurat,
Împăștie teroarea în astă lume,
Fără să-i pese de măcelul lăsat.

Trezește astăzi

Trezește astăzi Doamne România,
Că mâine nu știm de vom trăi!
Trezește Doamne toată omenirea,
Trezește-i pe-adormiții tăi copii!

Sub cerul binecuvântat de tine,
Ei ne stropesc licoarea morții
Și știu ce fac, ei știu prea bine,
Acești vânduți ai sorții!

Trezește Doamne până nu-i târziu,
Puhoi de oameni adormiți!
Ei cred în minciuni, deși ei știu,
Că vor fi pe veci pedepsiți!

Trezirea

Trezirea dintr-un somn uituc
Și dintr-o mare nepăsare,
În care dormi, alții te duc,
Fără să știi că ai valoare.

Trezirea-aduce libertate
Și sufletul nu-ți este rob,
Poți să alegi a merge mai departe,
Sau poți a spune stop.

Voința crește-adânc în tine,
Tu ai puterea de-a vedea,
Orice lumină or trezire,
Sălășluiește-n mintea ta.

Trezirea la o lume nouă,
Cum ai visat cândva, demult,
Nu lăsa lumea să ți-o smulgă,
Voința care-n tine s-a născut!

TU ești

TU ești nădejdea mea,
Atunci când eu mă prăbușesc,
Cu mâna ta îmi desenezi cărarea,
Chiar dac-atât de mult greșesc!

TU ești o bucurie divină,
Ce gândul tainic mi-l cuprinzi
Și-l faci să ceară fără vină,
Tot ce cuprinde-un paradis!

TU ești cuprinsul unui infinit,
În care anii mei se scurg,
TU știi când plec, de ce-am venit,
Ce fac și ce-am făcut pe-acest pământ!

Tu-mi ești frate

Tu-mi ești frate,
Eu ți-s frate
Si-n noi doi un suflet bate,
De ce oare ne-om tot bate?

Dumnezeu ne-a dat putere
Și ne dă tot ce i-om cere,
Eu cer numai libertate,
Dragoste și sănătate!

Tu cere ce vrei măi frate,
Seringi, vaccin, ia-le toate,
Lasă, nu mă judeca,
Astea nu sunt treaba mea!

Ție ți-e frică de moarte,
Eu trăiesc cum se mai poate,
De-oi muri în cer moi duce,
Toți avem de dus o cruce!

Tu știi

Tu știi cum cântă pomii,
În răcoarea dulce-a serii,
Cum frunzele iau forma lunii,
Colorându-se și ele?

Tu știi cum se încinge,
Foșnetul lor suav
Și luna lângă frunze plânge,
De-atâta dor, de-atâta drag?

Sub ei se-adăpostesc îndrăgostiții,
Împărțind dragoste și vise,
Apoi în vreme se-ntorc răniții,
Să-și plângă-n taină aripile frânte.

De-acolo pomii se adapă,
Din lacrimi care curg, cântând,
Dup-o dragoste curată,
Cum n-a fost alta pe pământ.

Și-n foșnetul atins de vânt,
Copacii povestesc și cântă,
Iar cântul lor e-atât de trist,
Că plânge cine îl ascultă.

Ți-am spus

Ți-am spus inimă ție,
Că-n viața aceasta searbădă,
Este iubire pentr-o veșnicie,
Când lumea este-atât de oarbă?

Ți-am spus că vei fi fericită,
Când lumea-n tristețe se scaldă,
Privind tristă și mută,
La groapa ce adânc se sapă?

Tu plângi și speri că-n astă lume,
Iubirea încă licărește,
Lumina ei nu se va stinge
Și omul încă mai trăiește.

Un dor adânc

Un dor adânc de mama,
Șuvoi de lacrimi pornește,
Încerc să-l opresc dar valma,
Mai tare se-ntețește.

Aș vrea a-ntoarce timpul
Și vorbe pline de povață,
Să le sorb, s-alung pelinul,
Dintr-o secătură viață.

În tot ce fac sau ce-am făcut,
Văd doar seceta ce se-ntinde,
Nimic nu mă animă pe pământ,
Nimic nu mai face parte din mine.

Uneori aș vrea

Uneori ori aș vrea,
Un înger vreau să fiu,
Să-ți iau durerea ta
Și s-o împrăștii în pustiu.

Uneori,
O inimă-n tristețe-aș mângâia,
Când tristă plânge în târziu,
Din bucuria mea i-aș da.

Un nor ce-și caută strălucirea,
Aș vrea să fiu,
S-ascund în mine durerea,
Fără s-o simt, fără s-o știu.

Să izvorască din mine menirea,
Iar lacrimi să nu curgă iar și iar,
În liniște să treacă omenirea,
Fără durere multă și-n zadar.

Uneori vreau

Uneori vreau să pleci,
Din nopțile mele târzii,
Când lângă mine te petreci
Și-ți spun să mai rămâi.

Dar fața tristă de-o privesc
Și ochii-ți calzi, duioși,
Mă faci să stau, să rătăcesc,
Prin visul meu frumos.

Acolo ne petrecem până-n zori,
Tu-mi spui că mă iubești
Și împletești cununi de flori,
Apoi cu ele mă gătești.

Un ghiocel

Un ghiocel ce-a răsărit,
De sub covorul de nea alb,
În mâna mea l-am încălzit
Și ți-l trimit ție cu drag.

O floare cu mireasma primăverii,
Din mâna mea ți-o dăruiesc
Și nu contează ceasul vremii,
Căci eu la tine mă gândesc.

Nu am o zi anume,
Un dar să ți-l trimit,
Când privirea-mi nu apune,
Te așezi la mine-n gând.

Eu te iubesc cu ardoare
Și buzele-mi șoptesc,
Că-n lumea asta mare,
Doar pentru tine eu trăiesc.

Un grup de gândaci

Un grup de gândaci posaci,
Croncăneau de zor în sală,
Căutând grăbiți prin legi,
O ușiță de scăpară.

Apoi unii bolovani,
Nu văzură cum gândacii,
Fofilară dolofani,
Bunătăți în toți sacii.

Ia de unde nu-s gândacii,
Negri și umflați de smoală,
Se făcură sărăntocii,
Din analfabeți, cu școală.

Ș-apoi calea de-ai întoarce,
Să se facă iar gândaci,
Nu se cade, nu se face,
Noi am deveni posaci.

Unirea

Hai la horă drag român,
Să ne dăm mână cu mână,
Ura din noi să stârpim,
Să jucăm hora străbună!

Ca să vadă mândrul soare,
Că românii s-au unit,
Într-o zi de sărbătoare
Și pământul și-au cinstit.

Hai la horă mic cu mare,
Să-nvățăm ai noști' copii,
Că e zi de sărbătoare
Și în veci așa va fi!

Vin la horă moldovene,
Din Ardeal până-n Banat,
Jucați hora să-i îndemne
Și-n Oltenia-n Regat!

Lasă ura, dezbinarea,
Fie aruncate-n ape,
Vântul să le-mprăștie-aiurea,
Peste piscurile-nalte.

Un popor

Un popor se-ndreaptă alene,
Către-o lume și-un sfârșit,
Care-l toacă și îl cerne,
În fărâme câte-un pic.

Și-a pierdut vorba cea dulce,
Straiul lui cel strămosesc,
Nu mai sunt cei buni în frunte,
Doar păduchii ce roiesc.

Și se-ndreaptă spre-o furtună,
Unde îl înghite-n grabă,
Fără să ramână-o urmă,
Făr-o clipă de zăbavă.

În noroiul amăgirii,
Ani la rându-a lenevit
Și-a nesocotit copiii,
Ce prin țări s-au rătăcit.

Văd păsările

Văd păsările-n cârd care se duc
Și-afară vântul suflă tare,
S-au scuturat și frunzele de nuc,
Pe ulița care se-ntinde-n vale.

Mă văd la brațul tău ușor pășind
Și te privesc pe sub sprâncene,
Aș vrea să-ți spun, dar am șoptit,
Ce dor îmi e de tine!

Iar vorbele mi s-au oprit,
Privind îmbujorată,
Nici azi nu pot, n-am îndrăznit,
Să-ți spun că inima ți-i dată.

Și iarăși te-am lăsat să pleci,
Cu inima-ntristată
Și știu că-n ea mereu culegi,
Surâsul și ființa toată.

Dar mâine iar te-aștept să vii,
Să stăm pe iarbă privind cerul,
Și stoluri lungi de păsărele mii,
Le-om dezlega-mpreună tot misterul.

Și-atuncea poate-oi îndrăzni,
Să-ți spun ce drag îmi ești tu mie,
Cât mă gândesc la tine zi de zi
Și cât aș vrea, tu să-mi fii mire!

Vântul șuieră

Vântul șuieră hoinar,
Printre frunze dezmierdate
Și îmi poartă gândul iar,
Până colo hăt departe.

Aud buciumul cântând,
Oile chemând la stână
Și ciobanii șuierând,
Să le-adune iar în turmă.

Și-n mirosul ierbii care,
Doar o coasă-a mângâiat-o,
Mă așez în desfătare
Și privesc spre cer o dată.

Se coboară, intră-n suflet,
Doina inimii române,
N-are taină și e-un cântec,
Ce trezește viața-n mine.

Veniți

Veniți, privighetoarea-n dimineți mai cântă
Și nucul este înflorit,
Pereții încă poartă umbra-i sfântă,
A mamei care nu demult, la ceruri s-a suit.

Iar curtea plină cu iarba necosită,
Îți dă o stare de sfială,
Nimeni nu te-așteaptă, nu insistă,
Să intri-n casa pustie, ce parcă se destramă.

Era cândva lacrima revederii,
Ce sălășluia în inimile curate
Și palma muncită avea taina mângâierii,
Care-ți dădea putere, să mergi mai departe.

Veniți de-acolo din țările străine,

Unde răceala macină din voi,

Nimeni nu știe, nu-i pasă de tine,

De ești flămând sau ochii plâng triști și goi.

Vremuri

Vremuri trecute,
Ce n-or să mai apară,
Vremuri prea multe,
Dintr-o lume bizară.

Ne caută,
Se cuibăresc în minte,
Vremuri scurse cu timpul deodată,
După ele inima strigă fierbinte.

Erau definite-n frumoase amintiri,
Când omul iubea,
Mirosea trandafiri
Și-n mâna iubitei le așternea.

Zorile de ziuă

Zorile de ziuă,
În lacrimile nopții s-au trezit,
Ce-au curs pe buze-nfășurate în purpură,
Sărutându-le cu jind.

Apoi când soarele a coborât,
Să certe zorile târzii,
Cu trupul cald și dezvelit,
Mi-ai spus încet, rămâi.

Și am rămas în prag,
Uitându-mă un pic,
La trupul tău cel gol, firav,
Ce mă-mbia să îl ating.

Și-n miezul zorilor de zi,
Cu sărutări grăbite te-am acoperit,
Știind că vrei și mai rămâi,
Să stai cu mine-un timp.

Ștefania Rotariu

Despre Autoare

Ștefania Rotariu s-a născut în 27 Decembrie 1963, în localitatea Sucevița din județul Suceava, România. O parte din copilărie și-a petrecut-o în frumoasa Bucovină, unde a fost sădită sămânța inspirației. Începe să scrie poezii de la o vârstă fragedă, adunându-le de-a lungul anilor. Poeziile scrise pe caiete, sunt rescrise mai târziu la o mașină de scris veche și legate, păstrându-le până la publicarea lor. Urmează cursurile Universității de drept din Timișoara, dar se retrage în ultimul an, îndreptându-se spre o carieră în domeniul IT, în care se dedică până-n anul 2007, atunci când părăsește România și se îndreaptă spre Spania, unde locuiește 3 ani. Se reîntoarce în România în primăvara anului 2010 și stă până la sfârșitul aceluiași an, urmând să părăsească iar România, pentru a se stabili în Anglia. Acolo urmează cursurile universitare pentru a lucra ca ingineră în telecomunicații, după care urmează alte cursuri universitare pentru specializarea în securitatea cibernetică. Străinătatea îi aduce satisfacții și banii necesari pentru a publica cărțile scrise și pregătite de ea pentru tipar. Viața departe de țara și de cei dragi, a făcut-o să fie mai puternică în hotărâri și decizii, să știe cum să-și croiască o viață, în care visele se pot îndeplini. Însă, după cum nimic nu se obține fără sacrificii, sănătatea s-a deteriorat pe parcursul anilor, determinând-o să facă mai puține activități. Astfel că, în repausul pe care i-l oferă viața, se hotărăște să traducă toate cele 5 volume de poezii în limba engleză.

Debut editorial

Publicarea volumului I de poezii (POEZII PENTRU INIMA TA) în vara anului 2012 (America), volumele II, III de poezii publicate în vara anului 2014 (Anglia) și volumele IV, V de poezii publicate in februarie 2023 (Anglia). Se dedică vieții culturale și devine membră a uniunii scriitorilor din Anglia în anul 2012, în 2017 devine jurnalistă britanică și în 2020 primește și calitatea de jurnalistă internațională.

Participă la Festivalul Internațional de Poezie și Epigramă (Romeo și Julieta la Mizil) și la Colecția Antologică de Poezie (Cu Patria în Suflet - de drag, de jale și de dor) în România.

Colaborează cu diferiți soliști, punând versurile pe muzică, distribuite pe Youtube.

Stefania Rotariu

Viata este o bucurie, daca stii sa iei ce-i mai bun din ea.
Frumusetea este un dar de la Dumnezeu, daca stii sa-l pretuiesti.
Dragostea nu se poate descrie in cuvinte, ci doar se poate simti.
Prietenia este cel mai frumos cadou, pe care-l poti face unui om.
Zambetul tau, poate inviora o inima trista si abatuta.
Sacrificiul tau, poate salva o viata fara sperante.